KB190351

밀린다왕문경

밀린다왕문경

김현준 편역

🌺 효림

밀린다왕문경

초 판 1쇄 펴낸날 2021년 1월 13일
     2쇄 펴낸날 2021년 3월 18일

편역자 김현준
펴낸이 김연지
펴낸곳 효림출판사

등록일 1992년 1월 13일 제2-1305호
주 소 서울시 서초구 반포대로14길 30, 907호 서초동, 센츄리Ⅰ
전 화 02-582-6612, 587-6612
팩 스 02-586-9078
이메일 hyorim@nate.com

값 6,000원

차 례

차 례

귀경게 歸敬偈

행위가 모든 세간에 이익을 주는
위대한 성자요 불가사의한 힘을 지닌
최상의 도사(導師)(부처님)께 귀의하옵니다

행을 잘 갖추어 위없는 깨달음을 얻은
위대한 성자가 공경하는
최상의 법에 귀의하옵니다

계율행의 공덕을 모두 갖추고
네 가지 과위(果位)에 이르러 최고의 복전(福田)이 되는
성스러운 승가(僧伽)에 귀의하옵니다

이 세 가지 보배(삼보)에 귀의하므로 복이 생기고
그 위력에 의해 모든 장애가 끊어집니다

물음과 대답으로 이루어진 밀린다경은
그대들에게 복을 주리니
오묘한 대론에 귀를 기울이소서

제 1 편

서장

옛날, 유명한 수도인 사갈라의 밀린다왕은
그 세계에서 저명한 현인(賢人) 나가세나에게로 갔다
마치 갠지스강이 깊은 바다로 흘러 들어가듯이

담론(談論)을 잘하는 왕은 진리의 횃불을 밝히고자
마음의 어두움을 쫓아버린 나가세나에게
참과 거짓을 가려내는 여러 가지 사항에 대해
미묘하고 어려운 질문을 던졌다

이 미묘하고 어려운 질문에 대한 해답들은
듣는 이의 마음을 기쁘게 하고 귀를 즐겁게 하며
신기함과 오묘함을 느끼게 하였다

두 분의 담론은 하나의 경전을 이루었으니
비유와 논증(論證)이 강하게 반짝였고
율(律)과 논(論)의 신비한 심연에까지 스며들었다

오라, 그대들이여
와서 그대의 머리를 빛나게 하고
그대의 마음을 기쁘게 하라
그리고 모든 의심의 실마리를 풀어 주는
이 미묘한 질문과 해답들에 귀를 기울여라

1. 대론의 장소 사갈라

요나카인(그리스인)들의 나라에 여러 가지 물건을 교역하는 도시인 사갈라(捨竭)가 있었다.

솜씨 있는 기술자가 설계를 하여, 도시에는 공원과 정원과 작은 숲과 호수와 연못이 갖추어져 있고, 수려한 산수와 아름다운 숲이 있는 낙원이었다. 그리고 적과 반역자들이 없었으므로 그곳 사람들은 위험이라고는 전혀 모르고 살았다.

여러 모양의 튼튼한 망탑(望塔)과 성벽(城壁)에는 우뚝 솟은 성문과 탑문이 있었고, 흰 성벽과 깊은 참호로 둘러싸인 한가운데에 국왕의 성채가 보였다.

거리와 광장과 십자로와 장터는 잘 나누어져 있었으며, 상점에는 값비싼 상품이 수북하게 진열되어 있었다. 또 수백 개의 보시당(布施堂)도 화사하게 꾸며져 있었고, 커다란 저택이 히말라야 산봉우리처럼 많이 늘어서 있었다.

거리는 코끼리와 말과 마차와 보행자들로 붐볐

으며, 상냥한 남녀들이 짝을 지어 빈번히 출입하는 등, 온갖 신분의 사람들이 늘 붐비고 있었다.

또한 사람들이 자신들을 정신적으로 이끌어주는 수행자와 바라문을 환대하였으므로, 도시에는 여러 학파의 지도자들이 많이 왕래하였다.

상점에는 옷감과 의류와 눈길을 끄는 많은 재보가 가득 차 있었으며, 화려한 상품들이 진열되어 있었다. 보시당布施堂에는 향내가 흘러나왔고, 거리에는 온갖 종류의 꽃과 향료에서 뿜어져 나오는 향기가 그윽하게 풍기고 있었다.

도시는 금·은·보석으로 가득 차 있어 눈부신 보물의 나라와도 같았고, 곡식과 일용의 물자가 창고에 가득하였다. 부유하기로는 수미산 북쪽에 있다는 이상향인 울타라쿠루에 비길 만하고, 영광스럽기로는 비사문천毘沙門天의 수도인 알라카만다를 닮았다.

지금까지는 대론의 장소인 사갈라에 관한 이야기를 하였는데, 이제부터는 밀린다왕과 나가세나

두 사람의 이야기를 해야겠다.

2. 전생前生 이야기

옛날 가섭불迦葉佛(과거 칠 불 중 석가모니 직전에 출현한 부처님)께서 불법을 펴고 계실 때, 갠지스강 근방에 많은 비구比丘들이 살고 있었다.

계율과 본분을 잘 지키는 비구들은 아침 일찍 일어나, 긴 빗자루를 들고 마음속으로 부처님의 공덕을 외우며 경내를 청소하는 것을 일과로 삼고 있었다.

쓰레기가 모여 산더미처럼 쌓인 어느 날, 한 비구가 사미沙彌(20세 미만의 예비 승려)에게 그 쓰레기 더미를 치우라고 하였다. 그러나 사미는 못 들은 척 지나가 버렸다.

비구는 그를 아주 고집 센 풋내기로 알고 꾸중

을 하며 빗자루로 때렸고, 사미는 감히 거역할 수
없는 두려움 때문에 울면서 쓰레기들을 치웠다.
그때 사미는 첫 번째 원願을 발하였다.

"이 쓰레기를 치우는 공덕으로, 열반涅槃에 이를
때까지 어디에 태어나든지, 한낮의 태양과 같은
커다란 위력과 광채를 갖게 하여지이다."

사미는 쓰레기를 치우고 갠지스강으로 목욕을
하러 나갔다. 그리고 거기에서 강물이 물결치며 세
차게 흘러가는 것을 보고 두 번째 발원을 하였다.

"열반에 이를 때까지 어디에 태어나든지, 갠지
스강의 거센 물결처럼 다함 없는 말재주와 막힘
없이 대답하는 말재주를 갖게 하여지이다."

한편 비구는 빗자루를 헛간에다 치워 놓고 목
욕을 하기 위해 갠지스강 가로 나갔다가, 우연히
그 풋내기 사미가 발원하는 소리를 듣고 마음속
으로 생각하였다.

'사미도 저렇게 발원을 하는데, 나라고 어찌 발
원을 하지 않을 수 있겠는가?'

그리고는 발원하였다.

"열반에 이를 때까지 어디에 태어나든지, 저 갠지스강의 거센 물결과 같이 다함 없는 말재주를 갖게 하여 주시고, 저 사미가 묻는 하나하나의 질문과 난제難題를 명쾌하게 풀어 줄 수 있는 능력을 갖게 하여지이다."

이 두 사람은 이후 각기 천상天上과 인간계人間界를 윤회하였으며, 석가모니불은 두 사람의 미래를 다음과 같이 예언하셨다.

"내가 열반에 들고 5백 년이 지난 뒤, 두 사람은 다시 이 세상에 태어나, 문답과 적절한 비유를 통하여 내가 가르친 오묘한 진리와 계율 등을 분명하게 풀이해 줄 것이다."

뒷날 이 예언대로 두 사람 중 사미는 밀린다왕으로 태어났고, 비구는 나가세나로 태어났다.

3. 해후解逅

어느 날, 밀린다왕은 시외에서 코끼리부대·기마부대·전차부대·보병부대로 조직된 사군四軍의 수많은 병력들을 사열한 다음, 높이 솟은 해를 쳐다보며 신하들에게 말하였다.

"날은 아직 훤하다. 이처럼 일찍 시내에 들어간들 무엇하겠는가? 나는 토론하기를 원한다. 쾌락주의자든 궤변론자든, 현자든 수행자든 바라문이든, 누구라도 좋다. 교단이나 학파의 지도자든, 대중의 도사導師이든, 부처든 정등각자正等覺者든, 누구라도 좋다. 나와 토론하여 나의 의문을 풀어줄 사람은 어디 있는가?"

이후 왕은 교단과 학파의 지도자 몇 사람을 찾았지만 하나같이 실망만을 안겨주었다. 그리고 비구들도 만났으나 왕과의 대론에서 이기는 자가 없었다.

그 무렵 히말라야 산록의 랏기다라에 모여 있던 아라한들은 나가세나 존자를 만나고자 하였고, 전갈을 받은 나가세나가 나타나자 아라한들이 말하였다.

"나가세나 존자여, 밀린다왕은 어려운 질문들을 하여 비구 대중을 괴롭히고 있습니다. 저 왕을 굴복시켜 주십시오."

"존자들이여, 밀린다왕뿐 아니라 전 인도의 왕들이 나에게 와서 질문을 하더라도, 모든 난문難問에 답을 하여 해결을 하겠습니다. 두려워하지 말고 사갈라로 가십시다."

이렇게 나가세나 존자와 비구들이 사갈라로 향하고 있을 때, 밀린다왕은 한 바라문과 아유타라 비구를 난해한 질문으로 물리친 다음 손뼉을 치며 말하였다.

"정말 전 인도가 텅 비었구나. 껍질뿐인 왕겨와 같구나. 대론을 하여 나의 의심을 없애 줄 수 있는 출가자나 바라문은 한 사람도 없구나."

그러나 밀린다왕은 주위의 군중들이 두려워하지 않고 침착하게 있는 것을 보고 생각하였다.

'아니다. 이 요나카 군중들이 조용히 있는 것을 보면, 틀림없이 나와 대론을 할 수 있는 박식한 비구가 있는 것이리라.'

그래서 밀린다왕은 요나카인들에게 물었다.

"경들이여, 나와 대론하고 나의 의심을 없애 줄 수 있는 다른 박식한 비구가 있는가?"

그때 나가세나 존자는 비구들과 함께 촌락·읍성·도시들을 차례로 탁발하면서 점차 사갈라 가까이로 오고 있었다.

승단의 지도자였던 나가세나 존자는 세상에 널리 알려져 명성이 높았고, 많은 사람들의 존경을 받고 있었다. 그는 또 현자요 학자이며, 지혜롭고 총명하고 박식하고 교양 있고 자신 있는 수도승이었다.

밀린다왕의 신하 데바만티야는 왕에게 말했다.

"대왕이여, 잠깐만 기다려 주십시오. 나가세나라는 장로가 오고 있습니다. 그분은 박식하고 유능하고 지혜롭고 용기가 있으며, 많이 들어〔多聞〕, 담론에 뛰어나고 말솜씨가 시원시원합니다. 부처님의 정신과 가르침을 해설함에 있어서나 이단자異端者를 굴복시킴에 있어 걸림이 없고 자재한 능력을 지닌 훌륭한 비구입니다. 그분은 지금 사갈라의 상케야 승방에 계십니다. 대왕이여, 그곳에 가서 그분에게 질문을 해 보십시오. 그분은 대왕과 대론하여 대왕의 의문을 풀어줄 수 있을 것입니다."

나가세나에 대한 소개말을 듣자, 밀린다왕은 갑자기 두렵고 불안하여 머리끝이 오싹하여졌다. 왕은 데바만티야에게 다그쳐 물었다.

"정말 그러한가?"

"대왕이여, 그분은 인드라·마야·바루나·쿠베라·푸라쟈파티·수야마·상투시타 등의 수호신들은 물론이요, 인류의 조상인 브라흐만과도 대론을 할 수 있습니다. 하물며 사람과의 대론이겠습니까?"

"그렇다면 데바만티야여, 그분에게 내가 찾아뵈러 간다는 전갈을 보내라."

데바만티야가 왕의 전갈을 보내자, 나가세나 존자는 '와도 좋다'는 회답을 했다.

왕이 5백 명의 요나카인을 이끌고 나가세나 존자가 있는 상케야 승방으로 나아갔을 때, 나가세나 존자는 8만 명의 비구들과 함께 뜰 안 정자에 앉아 있었다. 밀린다왕은 거기 모인 무리를 멀리서 보고, 데바만티야에게 물었다.

"저 큰 모임은 누구의 회상會上이냐?"

"대왕이여, 나가세나 존자의 회상입니다."

그 무리를 바라본 밀린다왕은 다시 두렵고 불안해지기 시작했다. 밀린다왕은 마치 코뿔소에게 포위당한 코끼리와 같이, 금시조를 만난 용과 같이, 뱀에게 쫓기는 개구리와 같이, 표범에게 쫓기는 사슴과 같이, 고양이를 만난 쥐와 같이, 무당을 만난 악귀와 같이, 새장에 갇힌 새와 같이, 그물에 걸린 물고기와 같이, 임종을 맞이한 천자天子와 같이, 부들부들 떨며 두려워하고 불안해하다가 공포의 괴로움으로 정신을 잃을 뻔하였다.

그러나 사람들 앞에서 창피를 당하지는 않아야겠다며 정신을 가다듬은 다음, 용기를 내어 데바만티야에게 말하였다.

"데바만티야여, 나에게 어느 분이 나가세나 존자인가를 가르쳐 줄 필요는 없다. 일러 주지 않아도 나는 나가세나 존자를 알아낼 수 있다."

"그렇습니다. 대왕께서는 틀림없이 그를 알아보실 것입니다."

나가세나 존자는 비구들 한가운데에 앉았는데, 앞쪽에 앉은 4만 명의 비구보다는 젊었고 뒤쪽에 앉은 4만 명의 비구보다는 연장자였다.

밀린다왕은 멀리서 앞뒤 자리의 모든 비구들을

둘러보고, 나가세나 존자가 바로 중앙에 앉아 있음을 알 수가 있었다. 두려움도 놀람도 공포도 전율도 전혀 없는 모습을 보고, 그분이 바로 나가세나 존자임을 알아차린 것이다. 왕은 데바만티야에게 말하였다.

"저분이 바로 나가세나 존자다."

"그렇습니다. 대왕이여, 저분이 나가세나 존자입니다. 대왕께서는 잘 알아보셨습니다."

왕은 남이 가르쳐 주지 않았는데도 스스로 나가세나 존자를 알아보았음을 기뻐했다. 그러나 왕은 존자를 보자마자, 또다시 두렵고 얼떨떨하고 불안해졌다.

이때의 정경을 옛사람들은 이렇게 읊었다.

현명하고 청정淸淨하고
스스로를 잘 다스리는
나가세나 존자를 보고
밀린다왕은 이렇게 말했도다

'수많은 논사論師들을 만났고
무수히 대론對論을 해 보았으나
오늘처럼 놀람과 두려움으로
마음이 압도된 적은 없었다
아마도 오늘은 내가 패배하고
나가세나 존자가 승리를 하려는지
내 마음이 몹시도 불안하구나'

제 2 편

대
론

제 1 장
대화의 시작과 약속

1. 이름에 관한 문답

나가세나 존자가 앉아 있는 곳으로 가까이 간 밀린다왕은 공손히 예배드린 다음, 다정하고 정중하게 인사말을 나누고, 예의 바르게 한쪽 옆으로 비켜 앉았다. 나가세나 존자가 답례를 하여 왕의 마음을 기쁘게 하자, 밀린다왕은 존자를 향해 첫 번째 질문을 하였다.

"존자여, 세상에 알려져 있는 그대의 이름은 무엇입니까?

"대왕이여, 저는 나가세나라는 이름으로 알려져 있습니다. 동료 수행자들은 나를 나가세나라 부르고 있습니다. 또 부모는 나에게 나가세나〔龍軍〕, 수라세나〔勇軍〕, 비라세나〔雄軍〕, 시하세나〔獅子軍〕라는 이름을 붙여 주었습니다.

그렇지만 나가세나 등의 이름은 이름·호칭·가명·통칭通稱에 지나지 않습니다. 이 이름 속에 실체적인 '나', 곧 영원불변한 나가 내포되어 있다고 인정할 수 없습니다."

그때, 밀린다왕은 5백 명의 요나카인과 8만 명의 비구에게 말하였다.

"나가세나 존자는 '이름 속에 내포된 실체적인 나는 인정할 수 없다'고 말합니다. 지금 그 말을 믿을 수 있습니까?"

왕은 다시 나가세나 존자를 향하여 질문했다.

"나가세나 존자여, 만약 실체적인 '나'를 인정할 수 없다고 한다면, 그대에게 의복과 음식과 침대와 질병에 쓰는 약물 등 필수품을 제공하는 자는 누구입니까? 또 그것을 받아서 사용하는 자는 누구입니까?

　계행戒行을 지키는 자, 수행에 힘쓰는 자, 수행의 결과로 열반에 이르는 자, 살생을 하고 남의 것을 훔치는 자, 세속적인 욕망 때문에 바르지 못한 행위를 하는 자, 거짓말을 하고 술을 마시는 자는 누구입니까? 또 무간지옥無間地獄에 떨어질 다섯 가지 죄〔五逆罪〕를 짓는 자는 누구입니까?

　만약, 실체적인 '나'가 없다고 한다면 공덕功德도 죄도 없고, 선행과 악행의 과보도 없을 것입니다. 존자여, 설령 그대를 죽이는 자가 있더라도 살생의 죄는 없을 것입니다.

　따라서 그대의 승단에는 경을 가르치는 스승〔經師〕도, 계를 가르치고 전해주는 스승〔律師〕도, 갖춰진 계〔具足戒〕도 없다는 결론이 나옵니다.

　그대는 '승단의 수행 비구들은 나를 나가세나라는 이름으로 부르고 있다'고 하였습니다. 그렇다면 나가세나라고 불리는 것은 대체 무엇입니까? 존자의 머리털이 나가세나입니까?"

"아닙니다."

"그렇다면 몸에 난 털이 나가세나입니까?"

"그렇지 않습니다."

"그럼 손톱·살갗·살·힘줄·뼈·뼛속·신장·심장·간장·늑막·비장·폐·창자·창자막·위·똥·담즙·가래·고름·피·땀·지방·눈물·혈장·침·콧물·관절 속의 액체〔關節滑液〕·오줌·두뇌 중, 어느 것이 나가세나입니까? 아니면 이들 전부가 나가세나라는 말씀입니까?"

"그 어느 것도 아닙니다."

"그렇다면 존자여, 물질적인 형상〔色〕이 나가세나입니까?"

"아닙니다."

"그럼 감수작용〔受〕이 나가세나입니까?"

"아닙니다."

"표상작용〔想〕이 나가세나입니까?"

"아닙니다."

"형성작용〔行〕이 나가세나입니까?"

"아닙니다."

"식별작용〔識〕이 나가세나입니까?"

"아닙니다."

"그렇다면, 이들 색色·수受·상相·행行·식識을 모두 합한 오온五蘊이 나가세나입니까?"

"아닙니다."

"그럼 오온五蘊을 제외한 그 어떤 것이 나가세나입니까?"

"아닙니다."

나가세나는 이들 모두를 아니라고 대답했다.

"존자여, 나는 그대에게 물을 수 있는 데까지 다 물어보았으나, 나가세나를 찾아낼 수 없었습니다. 나가세나란 단순히 말에서 풍기는 인상에 불과하지 않습니까? 그렇다면 지금 우리 앞에 있는 나가세나는 어떤 자입니까? 존자여, 그대는 결국 '나가세나는 없다'는 것을 표명하여 진실이 아닌 거짓말을 하고 있습니다."

나가세나 존자가 왕에게 반문을 시작했다.

"대왕이여, 그대는 귀족 출신으로 호화롭게 자랐습니다. 만약 그대가 한낮 더위에 맨발로 뜨거운 땅이나 모래펄을 밟고 울퉁불퉁한 자갈 위를 걸어왔다면 발을 상했을 것입니다. 몸은 피로하고 마음은 산란하여 온몸에 고통을 느낄 것입니다. 도대체 그대는 걸어서 왔습니까? 아니면 무엇을 타고 왔습니까?"

"존자여, 나는 걸어서 오지 않았습니다. 수레를 타고 왔습니다."

"대왕이여, 수레를 타고 오셨다면 무엇이 그 수레에 대해 설명해주십시오. 끌채〔轅〕^원(_{수레 양쪽으로 길게 나와 있는 두 개의 나무. 그 끝에 멍에를 건다})가 수레입니까?"

"그렇지 않습니다."

"속바퀴〔軸〕^축가 수레입니까?"

"아닙니다."

"바퀴〔輪〕^륜가 수레입니까?"

"아닙니다."

"차체車體가 수레입니까?"

"아닙니다."

"수레틀이 수레입니까?"

"아닙니다."

"멍에가 수레입니까?"

"아닙니다."

"바큇살이 수레입니까?"

"아닙니다."

"굴대빗장이 수레입니까?"

"아닙니다."

"밧줄이나 바큇살이나 채찍이 수레입니까?"

"아닙니다."

"그럼 이들 모두를 합해놓은 것이 수레입니까?"

"아닙니다."

왕은 이들 모두를 아니라고 대답했다.

"대왕이여, 나는 그대에게 물을 수 있는 데까지 다 물어보았으나 진짜 수레를 찾아낼 수가 없었습니다. 수레란 단순히 말에서 풍기는 인상에 불과하지 않습니까? 그렇다면 그대가 타고 온 수레는 대체 무엇입니까? 그대는 결국 '수레는 없다'는 것을 표명하여 진실이 아닌 거짓말을 한 셈이 됩니다. 그대는 전 인도에서 제일가는 대왕입니다. 무엇이 두려워 거짓말을 했습니까?"

이렇게 물은 다음, 나가세나 존자는 5백 명의 요나카인과 8만 명의 비구들에게 말하였다.

"밀린다왕은 여기까지 수레로 왔다고 말했습니다. 그러나 어떤 것이 수레인지 설명해 달라는 질문을 했을 때, '이것이 수레이다'라고 단정적인 주장을 내세울 수 없었습니다. 그대들은 '수레가 없다'는 대왕의 말씀에 찬성할 수 있습니까?"

이에 5백 명의 요나카인이 왕에게 말하였다.

"대왕이여, 말씀해 보십시오."

밀린다왕이 존자에게 말하였다.

"존자여, 나는 거짓말을 하고 있는 것이 아닙니다. 수레는 이들 모든 것, 곧 끌채·굴대·바퀴·차체·수레틀·밧줄·멍에·바큇살·채찍 따위를 가지고 있기 때문에, 그것들에 의해 '수레'라는 명칭·속칭·가칭·통칭이 생긴 것입니다."

"그렇습니다. 대왕께서는 '수레'라는 이름을 바로 파악하였습니다. 마찬가지로 인체의 33가지 유기물과 존재의 다섯 가지 구성요소[五蘊오온]에 의해 '나가세나'라는 명칭·속칭·가칭·통칭이 생긴 것입니다.

대왕이여, 바지라 비구니는 세존 앞에서 이같은 시구를 읊은 일이 있습니다."

　　마치 여러 부분이 모일 때
　　'수레'라는 이름이 생겨나듯이
　　다섯 가지 요소[五蘊오온]가 모일 때
　　중생이라는 이름이 생기노라

"좋습니다. 존자여, 정말 훌륭합니다. 질문이 매우 어려웠는데도 훌륭하게 대답하였습니다. 만약 부처님께서 여기에 계셨다면 그대의 대답에 대해 칭찬을 하셨을 것입니다. 존자여, 정말 잘 말씀하였습니다."

2. 나이란?

밀린다왕이 나가세나 존자에게 물었다.

"존자여, 그대는 출가하여 비구가 된 지 몇 년이 되었습니까?"

"대왕이여, 일곱 해입니다."

"존자여, 그대가 말씀한 '일곱'이란 무엇을 말한 것입니까? 그대가 '일곱'이라는 것입니까? 아니면 수가 '일곱'이라는 것입니까?"

바로 그때, 온몸을 화려하게 장식한 왕의 그림자가 땅과 물 항아리 속에 비쳤다. 존자가 왕에게 물었다.

"대왕이여, 그대의 그림자가 땅 위와 물 항아리 속에 비쳤습니다. 도대체 그대가 왕입니까? 아니면 저 그림자가 왕입니까?"

"존자여. 내가 왕입니다. 그림자는 나로 인하여 생긴 것입니다."

"대왕이여, 마찬가지로 출가한 햇수가 '일곱'이요, 내가 '일곱'이라는 것은 아닙니다. 대왕이여, 그림자 경우처럼, 나로 인해 '일곱'이 생긴 것입니다."

"훌륭하십니다. 존자여, 정말 훌륭합니다. 나의 질문이 아주 어려웠는데 잘 대답하였습니다."

3. 대화를 위한 약속

밀린다왕이 나가세나 존자에게 물었다.
"존자여, 나와 다시 대론하시겠습니까?"

"대왕이여, 만약 현자賢者로서의 대론을 원한다
면 나는 그대와 대론하겠습니다. 그러나 왕자王者
로서의 대론을 원한다면 유감이지만 대론하지 않
겠습니다."

"존자여, 현자로서의 대론은 어떻게 하는 것입
니까?"

"대왕이여, 대체로 현자의 대론에는 설명이 있
고, 해설이 베풀어지고, 반박이 있고, 수정이 있
고, 시비의 구별이 이루어지지만, 그 일로 성내는
일이 없습니다. 대왕이여, 현자는 진정 이렇게 대
론합니다.

"왕자로서의 대론은 어떻게 하는 것입니까?"

"대왕이여, 왕자들은 대개 대론에 있어서 한 가
지 일을 주장하고 한 가지 점만을 밀고 나가며,
만약 그 일과 그 점을 따르지 않으면 '이 사람에
게는 이러이러한 벌을 주어라'라고 명령합니다.
대왕이여, 왕자는 바로 이렇게 대론합니다."

"좋습니다. 나는 왕자로서가 아니라 현자로서

대론하겠습니다. 존자께서는 마치 비구나 사미나 신도나 정원사와 대론하는 것처럼 마음 놓고 거리낌 없이 자유롭게 대론해 주십시오. 조금도 염려하지 마십시오."

"대왕이여, 좋습니다."

존자는 쾌히 동의했다.

"존자여, 질문을 하겠습니다."

"대왕이여, 질문하십시오."

"존자여, 나는 이미 질문하였습니다."

"대왕이여, 나는 벌써 대답하였습니다."

"그대는 무엇을 대답하였습니까?"

순간 밀린다왕은 이렇게 생각했다.

'이 비구는 나와 대론할 수 있는 위대한 현자다. 나는 그에게 물을 것이 많다. 그에게 모든 것을 묻기 전에 해는 서쪽으로 질 것이다. 그렇다면 내일 궁정宮廷에서 대론함이 좋을 것이다.'

그래서 왕은 데바만티야에게 말하였다.

"데바만티야여, 그대는 존자에게 내일 대론은 궁정에서 하자고 알려라."

밀린다왕은 나가세나 존자에게 작별 인사를 마치고 말에 올라 '나가세나, 나가세나'를 외우면서 돌아갔다. 데바만티야는 그 전갈을 아뢰고, 존자는 그 제의를 즐겁게 받아들였다.

다음 날 아침 일찍, 데바만티야와 아난타카야와 만쿠리와 삽바딘나는 밀린다왕에게 가서 이렇게 아뢰었다.

"대왕이여, 나가세나 존자가 오늘 오십니까?"

"그렇다. 그분은 오늘 오실 것이다."

"그분은 얼마나 많은 비구들과 함께 오십니까?"

"그분이 원하는 만큼의 많은 비구들과 함께 오실 것이다."

삽바딘나는 왕에게 청하였다.

"그분더러 열 사람의 비구만을 데려오라고 하

십시오."

왕은 삽바딘나에게 다시 말했다.

"모든 준비는 다 되었다. 몇 사람이든 그분이 원하는 만큼의 비구와 함께 오시라고 하여라."

삽바딘나는 왕에게 거듭 청하였다.

"그분더러 열 사람의 비구만을 데리고 오라고 하십시오."

"만반의 준비가 되어 있다. 너에게 거듭 말하노니, 몇 사람이든 그분이 원하는 만큼의 비구와 함께 오시라고 하여라. 삽바딘나야, 너는 나의 뜻을 어기고 사람의 수를 제한하려고 하는구나. 그렇게 되면 내가 비구들에게 음식을 공양할 능력이 없는 것으로 그분이 생각하지 않겠는가?"

이 말을 듣고 삽바딘나는 무안해졌다.

4. 호흡에는 영혼이 없다

데바만티야와 아난타카야와 만쿠라는 존자에게 가서 전하였다.

"밀린다왕은 그 수가 얼마든 존자께서 원하는 만큼의 많은 비구와 함께 오시라고 하십니다."

나가세나 존자가 그날 오전에 장삼을 입고, 바루와 가사를 손에 들고 8만 명의 비구와 함께 사갈라로 나아가자, 아난타카야가 존자에게 가까이 다가와서 물었다.

"존자여, 제가 '나가세나'라고 말할 때, 그 나가세나란 무엇입니까?"

"그대는 나가세나를 무엇이라고 생각하는가?"

"들이쉬고 내쉬는 숨[呼吸]이 나가세나라고 생각합니다."

"만약 나간 숨이 돌아오지 않거나 들어온 숨이 나가지 않는다면, 그 사람은 살아 있을 수 있겠는가?"

"존자여, 살아 있지 않습니다."

"나팔 부는 사람이 나팔을 불 때 그가 내쉰 숨이 다시 그에게로 돌아오는가?"

"아닙니다. 존자여, 그렇지 않습니다."

"피리 부는 사람이 피리를 불 때 그가 내쉰 숨이 다시 그에게로 돌아오는가?"

"아닙니다, 존자여."

"그렇다면 그들은 왜 죽지 않는가?"

"저는 그대 같은 논자論者와는 논의할 수 없습니다. 존자여, 그 뜻이 어떠한지를 말씀해 주십시오."

"호흡에는 영혼이 없다. 들이마시는 숨과 내쉬는 숨은 신체 구조의 계속적인 활동에 지나지 않는다."

존자는 계속 그에게 설명해 주었으며, 아난타카야는 승단의 시주가 되겠다고 서약했다.

5. 출가의 목적

나가세나 존자는 밀린다왕의 궁정에 이르러 미리 마련된 자리에 앉았다. 왕은 존자와 함께 온 비구들 모두에게 여러 가지 음식과 옷을 공양하였다. 식사가 끝나자 왕은 존자와 비구 열 사람만을 남게 하고, 나머지 비구는 돌아가도록 하였다.

자리가 정돈되자 왕이 물었다.

"존자여, 무엇에 관해 대론하시겠습니까?"

"우리는 진리에 이르기를 바라고 있습니다. 진리에 관해서 대론하면 어떻겠습니까?"

밀린다왕이 나가세나 존자에게 물었다.

"존자여, 그대들이 출가하는 목적은 무엇입니까? 또 그대의 최고 목표는 무엇입니까?"

"우리가 출가한 목적은 괴로움을 없애고, 다시는 괴로움이 생기지 않도록 하는 데 있습니다. 세

속에 대한 집착이 없고, 완전히 해탈하는 것이 최고의 목적입니다."

"존자여, 비구들 모두가 그와 같은 고상한 목적을 가지고 출가하였습니까?"

"대왕이여, 실은 그렇지 않습니다. 어떤 사람은 그와 같은 목적으로 출가합니다만, 어떤 사람은 폭군에 대한 공포 때문에, 어떤 사람은 도둑들의 공격을 피하기 위해서, 또 어떤 사람은 생활 수단으로 출가를 합니다."

"존자는 무슨 목적으로 출가를 하였습니까?"

"대왕이여, 나는 어려서 출가를 했습니다. 그러므로 그때는 궁극적인 목적을 몰랐습니다. 그러나 나는 이렇게 생각했습니다. '이들 사문沙門은 현자賢者이다. 이분들이 나를 공부시켜 줄 것이다'라고. 그리고 그분들에게서 배웠기 때문에 지금은 출가하는 목적과 자제自制하는 이익이 무엇인지를 능히 알게 되었습니다."

"잘 알겠습니다, 존자여."

제 2 장
윤 회

1. 윤회는 생사의 연속

밀린다왕이 나가세나 존자에게 물었다.

"존자여, 그대들이 말하는 윤회는 무엇을 뜻합니까?"

"대왕이여, 이 세상에 태어난 사람은 이 세상에서 죽고, 이 세상에서 죽은 자는 다음 세상에 태어나며, 다음 세상에 태어난 자는 다음 세상에서 죽고, 다음 세상에서 죽은 자는 다시 딴 세상에 태어납니다. 대왕이여, 이러한 것이 윤회입니다."

"비유를 들어 주십시오."

"어떤 사람이 잘 익은 망고를 먹고 씨를 땅에 심었다고 합시다. 그 씨로부터 망고나무가 성장하여 열매를 맺습니다. 다시 그 나무에 열린 망고를 따 먹고 씨를 땅에 심으면 다시 나무로 성장하여 열매를 맺습니다. 이와 같이 계속되는 망고나무의 끝은 알 수가 없으며, 윤회 또한 이와 같습니다."

"잘 알겠습니다. 존자여."

2. 죽은 자와 다시 태어난 자는 동일한가

밀린다왕이 나가세나 존자에게 물었다.

"존자여, 죽은 자와 다시 태어난 자는 동일합니까? 별개의 것입니까?"

"동일하지도 않고, 별개의 것도 아닙니다."

"비유를 들어 주십시오."

"대왕이여, 어떻게 생각합니까? 그대는 일찍이 갓난애였고, 등에 업혀 있었고, 유약한 애였고, 꼬

마였습니다. 어릴 적의 그대와 어른이 된 지금의 그대가 같습니까?"

"아닙니다. 어릴 적 나와 지금의 나는 다릅니다."

"만약 그대가 그 어린애가 아니라면, 어른이 된 현재의 그대에게 그때의 어머니와 아버지와 선생님이 없는 것입니까? 그때 배운 학문이나 계율戒律이나 지혜가 없어진 것입니까?

대왕이여, 잉태 후 첫 7일 동안의 어머니와, 셋째 7일 동안의 어머니와, 넷째 7일 동안의 어머니가 각각 다릅니까? 어릴 적 어머니와 어른이 되었을 적 어머니가 다릅니까?

또 죄를 범한 자와 죄를 지은 벌로 손발이 잘린 자가 다릅니까?"

"모두 그렇지 않습니다. 그런데, 존자여, 무엇 때문에 그런 말씀을 하십니까?"

"저 자신도 등에 업힌 연약한 갓난아이 적의 나와 어른이 된 지금의 내가 같습니다. 이 한 몸에

의존하여 모든 상태가 하나로 포괄包括되어 있습
니다."

"다시 비유를 들어 주십시오."
"여기 어떤 사람이 등불을 켠다고 합시다. 그
등불은 밤새도록 타겠지요?"
"그렇습니다. 밤새도록 탈 것입니다."
"대왕이여, 그럼 초저녁의 불꽃과 한밤중의 불
꽃이 같습니까?"
"아닙니다."
"그렇다면 초저녁의 불꽃과 한밤중의 불꽃과
새벽의 불꽃이 각각 다릅니까?"
"그렇지도 않습니다. 똑같은 등불에서 불꽃이
밤새도록 타고 있는 것입니다."
"대왕이여, 인간의 윤회나 생각이 계속 이어지
는 것도 꼭 이와 같이 지속됩니다. 죽은 자와 다
시 태어난 자가 별개의 것으로 보이지만, 연속적
으로 이어지고 있기 때문에 같지도 않고 다르지

도 않다는 것이며, 이 모든 단계를 끝까지 관장하고 있는 것은 의식意識입니다."

"다시 비유를 들어 주십시오."
"대왕이여, 우유가 변하는 경우와 같습니다.
새로 짠 우유는 시간이 지나면서 엉기게 되고, 엉긴 우유는 버터로 바뀌고, 버터는 버터기름으로 변해갑니다. 만약 우유가 엉긴 우유나 버터나 버터기름과 똑같다고 하는 사람이 있다면, 대왕은 그 말이 옳다고 하겠습니까?"
"아닙니다. 옳지 않습니다. 그러나 그것들은 우유로부터 만들어진 것입니다."
"대왕이여, 이와 마찬가지로 모든 현상은 연속되고 있습니다. 새로 태어난 사람[生]과 죽은 사람[滅]은 서로 다르지만, 서로 앞서거나 뒤처지지 않고 동시에 지속됩니다. 이리하여 동일하지도 않고 상이하지도 않지만, 의식에 의해 이 모든 단계가 포섭되고 있는 것입니다."

"잘 알겠습니다."

3. 윤회의 주체主體

밀린다왕이 나가세나 존자에게 물었다.

"존자여, 다음 세상에서는 무엇이 다시 태어나는 것일까요?"

"명색名色 곧, 이름〔名〕이라고 칭하는 인간의 정신 활동과 형상〔色〕이라고 칭하는 물질과 육체가 바뀌어 태어납니다."

"현재의 이름과 형상이 다음 세상에 태어난다는 말씀입니까?"

"아닙니다. 현재의 이름과 형상 속에서 선이나 악의 행위〔業〕가 행해지면, 그 행위로 인해 또 하나의 새로운 이름과 형상으로 다음 세상에서 태어납니다."

"존자여, 만약 현재의 이름과 형상 그대로 다음 세상에 태어나는 것이 아니라면, 인간은 악업惡業으로부터 벗어날 수 있지 않겠습니까?"

"대왕이여, 만약 다음 세상에 다시 태어나지 않는다면 인간은 악업으로부터 벗어날 수 있습니다. 그러나 다음 세상에 다시 태어나는 한, 악업으로부터 벗어날 수 없습니다."

"비유를 들어 주십시오."

"대왕이여, 어떤 사람이 남의 망고나무 열매를 훔쳤다고 합시다. 망고나무 주인이 그를 붙잡아 왕에게 처벌해 달라고 했을 때 그 도둑이 '대왕이여, 저는 이 사람의 망고를 따지 않았습니다. 이 사람이 심은 망고와 제가 딴 망고는 다른 것입니다. 저는 처벌을 받아서는 안 됩니다'라고 한다면 왕은 어떻게 하겠습니까? 그 사람을 처벌하겠습니까?"

"존자여, 마땅히 그 사람을 처벌합니다."

"무슨 까닭입니까?"

"그가 어떻게 말을 하든, 처음 심은 망고는 현재 보이지 않고, 나중에 열린 망고에 대해 죄를 지었기 때문입니다."

"대왕이여, 마찬가지로 인간은 현재의 이름과 형상 속에서 선악의 행위를 하게 되고, 그 행위로 인해 새로운 이름과 형상으로 다음 세상에 태어나게 됩니다. 그러므로 다시 태어난 인간은 그가 지은 업으로부터 벗어날 수 없습니다."

"다시 한번 비유를 들어 주십시오."

"대왕이여, 어떤 사람이 남의 쌀이나 고구마를 훔쳤을 때, 주인이 심은 쌀이나 고구마와 자신이 훔친 쌀이나 고구마가 다르다고 하는 경우도 망고 열매의 경우와 똑같다고 할 수 있습니다.

또 어떤 사람이 추울 때 불을 피워 몸을 녹이고 나서 불을 끄지 않고 가 버렸는데, 불이 번져서 남의 밭을 태웠다고 합시다. 밭 주인이 그 사람을 왕 앞에 데리고 와서 벌을 내려 달라고 했을 때 그 사람이 '대왕이여, 저는 이 사람의 밭을 태우지 않았습니다. 제가 끄지 않은 불과 이 사람의 밭을 태운 불은 다른 불입니다. 저는 죄가 없습니다'라고 한다면, 왕은 그 사나이에게 죄가 없다고 판결하겠습니까?"

"존자여, 죄가 있다고 판결할 것입니다."

"어째서 그렇습니까?"

"그가 무슨 말을 하든, 처음의 불이 원인이 되어 일어난 불이기 때문에 죄가 있습니다."

"대왕이여, 마찬가지로 인간은 현재의 이름〔名〕과 형상〔色〕 속에서 선행과 악행을 짓게 되고, 그 행위로 인해 또 하나의 새로운 이름과 형상으로 다음 세상에 태어나게 됩니다. 그러므로 새로 태어난 인간은 그가 지은 업業으로부터 벗어날 수 없습니다."

"다시 비유를 들어 주십시오."

"대왕이여, 어떤 사람이 등불을 켜고 집 꼭대기 방에서 식사를 하다가, 등불이 지붕을 태우고 이어서 마을을 태웠다고 합시다. 마을 사람들이 그 사나이에게 '당신은 어찌하여 마을을 태웠소?'하고 물었습니다. 사나이는 '왜요? 나는 마을을 불태우지 않았습니다. 내가 식사를 하기 위해 켜 놓은 불과 마을을 태운 불은 다릅니다'라고 하면서 언쟁을 하다가 왕에게 온다면, 왕은 어느 쪽의 말이 옳다고 하겠습니까?"

"마을 사람들의 말이 옳다고 하겠습니다."

"어째서 그렇습니까?"

"그 사람이 무슨 말을 하든, 마을을 태운 불은 그 사람이 식사를 할 때 사용한 불로부터 일어났기 때문입니다."

"대왕이여, 마찬가지로, 죽음과 함께 끝나는 현재의 이름 및 형상과 다음 세상에 태어나서 받는 이름 및 형상이 다르기는 하지만, 다음 세상의 것은 앞 세상의 것에서 나온 결과입니다. 그러므로 악업惡業으로부터 벗어날 수 없습니다."

"또 비유를 들어 주십시오."

"대왕이여, 어떤 사나이가 한 소녀에게 장차 결혼을 하겠다며 돈(결혼 지참금. 인도에는 지금도 이 풍습이 있음)을 치르고 갔습니다. 그런데 그 소녀가 장성하여 묘령의 처녀가 되었을 때, 딴 사나이가 돈을 치르고 그 소녀와 결혼을 하였습니다. 그때 앞의 사나이가 와서 '왜 나의 아내를 데리고 갔느냐?'고 따졌습니다. 이에 나중 사나이가 '당신의 아내감을 데려간 것이 아닙니다. 당신이 구혼하여 값을 치른 어린 소녀와 내가 구혼하여 값을 치른 처녀는 딴 여성입니다'라고 주장했습니다. 그들이 입씨름을 하다가 왕에게 판결을 요구한다면 왕은 어느 쪽을 옳다고 하겠습니까?"

"먼저 사나이가 옳다고 할 것입니다."

"어째서 그렇습니까?"

"나중 사내가 무슨 말을 하든, 어린 소녀가 장

성하여 그 아가씨가 된 것이기 때문입니다."

"대왕이여, 그와 같습니다. 죽음으로 끝나는 현재의 이름 및 형상과 다음 세상에 다시 태어나는 이름 및 형상은 딴 것이긴 하지만, 다음 세상 것은 이 세상으로부터 생겨난 것입니다. 그러므로 악업惡業으로부터 벗어나지 못합니다."

"또 비유를 들어 주십시오."

"대왕이여, 어떤 사람이 소치는 소년에게 우유 한 병을 사서 그에게 맡기고 가면서, '내일 가지러 오겠다'고 하였습니다. 다음날 그 우유는 굳은 우유牛乳로 변하였고, 그 사나이가 와서 우유를 달라고 하자 굳은 우유를 내주었습니다. 사나이는 '내가 산 것은 이 굳은 우유가 아니다. 내 우유를 가져오라'고 했습니다. 소 치는 소년은 '나에게는 아무런 잘못도 없습니다. 당신의 우유가 굳은 우유로 변한 것뿐입니다'고 설명했습니다. 그들이 서로 싸우다가 왕 앞에서 재판을 받게 된다면, 왕은 어느 편을 옳다고 하겠습니까?"

"소 치는 소년이 옳다고 할 것입니다."

"왜 그렇습니까?"

"우유를 산 사람이 무슨 말을 하든, 굳은 우유는 그가 산 우유가 변하여 된 것이기 때문입니다."

"대왕이여, 그와 같습니다. 죽음으로 끝나는 현재의 이름 및 형상은 다음 세상에 다시 태어나 갖게 되는 이름 및 형상과는 다르지만, 굳은 우유가 생우유로부터 나온 결과라는 것과 조금도 다르지 않습니다. 그러므로 악업으로부터 벗어나지 못합니다."

"잘 알겠습니다. 존자여."

4. 이름[名](명)과 형상[色](색)은 무엇인가

밀린다왕이 나가세나 존자에게 물었다.

"그대는 이름[名](정신)과 형상[色](육체)이라고 많이 말씀하셨습니다. 그 이름이란 무엇이며, 형상이란 무엇입니까?"

"모든 것 가운데 뚜렷하고 감각적인 것을 형상이라 하고, 미묘하고 정신적인 것을 이름이라 한 것입니다."

"존자여, 어찌하여 다음 세상에 이름만이 다시 태어나거나, 형상만이 다시 태어나거나 하지 않습니까?"

"대왕이여, 이들, 곧 이름과 형상은 서로 의존하면서 함께 있는 하나의 것이기 때문에 함께 태어납니다."

"비유를 들어 설명해 주십시오."

"대왕이여, 암탉은 노른자나 껍데기가 없는 달걀을 만들어 내지 못합니다. 노른자와 껍데기는

둘이 서로 의존하면서 함께 한 물건으로 생겨납니다. 마찬가지로 만약 이름이 존재하지 않는다면 형상도 존재할 수 없습니다. 이 말은 이름과 형상은 서로 의존해 있고, 하나의 존재로 함께 생겨남을 의미합니다."

"잘 알겠습니다. 존자여."

5. 업業은 어디에 머무는가

밀린다왕이 나가세나 존자에게 물었다.

"존자여, 이름[名]과 형상[色]에 의해 짓게 되는 선행이나 악행의 업業은 어디에 머물러 있습니까?"

"대왕이여, 그림자가 형체를 떠나지 않는 것처럼, 업은 사람들 스스로가 만들어낸 자아[個我]에 수반되어 있습니다."

"그렇다면 그들이 지은 업을 '여기에 있다. 또는 저기에 있다'고 하면서 보여줄 수 있습니까?"

"그럴 수 없습니다."

"비유를 들어주십시오."

"대왕이여, 나무들이 아직 과일을 맺기도 전에 '그 과일은 여기에 있다, 또는 저기에 있다'고 하면서 보여줄 수 있습니까?"

"존자여, 그럴 수 없습니다."

"대왕이여, 마찬가지로 생명체의 연속됨이 끊어지지 않는 한 '그 업이 여기 있다. 또는 저기 있다'며 보여줄 수 없습니다."

"잘 알겠습니다. 존자여."

6. 윤회의 주체는 전생轉生하지 않는다

밀린다왕이 나가세나 존자에게 물었다.

"존자여, 사람이 죽었을 때 윤회의 주체인 현생의 이름[名]과 형상[色]이 직접 다음 세상으로 옮아감이 없는데도 다시 태어날 수 있습니까?"

"그렇습니다. 옮아감이 없이 다시 태어날 수 있습니다."

"어찌하여 그럴 수가 있습니까? 비유를 들어 주십시오."

"대왕이여, 어떤 사람이 한 등잔에서 다른 등잔으로 불을 옮겨 붙인다고 합시다. 이 경우 한 등잔이 다른 등잔으로 옮아간 것입니까?"

"그렇지 않습니다."

"대왕이여, 이와 마찬가지로 윤회의 주체는 한 몸에서 딴 몸으로 옮겨감이 없이 다시 태어나는 것입니다."

"다시 한번 비유를 들어 주십시오."

"대왕이여, 그대가 어렸을 때 어떤 스승으로부터 배운 시를 지금도 기억합니까?"

"그렇습니다. 기억할 수 있습니다."

"그럼 그 시가 스승으로부터 그대에게로 옮겨진 것입니까?"

"아닙니다. 그렇지 않습니다."

"대왕이여, 마찬가지로 몸의 옮겨감 없이 다시 태어나는 것입니다."

"잘 알겠습니다. 존자여."

7. 다시 태어남을 알 수 있다

밀린다왕이 나가세나 존자에게 물었다.

"존자여, 다음 세상에 다시 태어난다는 것을 알 수 있습니까?"

"대왕이여, 알 수 있습니다."

"비유를 들어 주십시오."

"대왕이여, 한 농부가 곡식의 씨를 땅에 심고

난 다음에 비가 알맞게 온다면, 그는 곡식이 생겨
날 것임을 알 수 있습니까?"

"그렇습니다. 그는 압니다."

"대왕이여, 이와 마찬가지로 다음 세상에 장차
태어날 자는 자기가 태어날 것임을 미리 알 수 있
습니다."

"잘 알겠습니다. 존자여."

8. 누가 다시 태어나는가

밀린다왕이 나가세나 존자에게 물었다.

"존자여, 죽은 뒤 다시 태어나지 않는 자가 있
습니까?"

"어떤 사람은 다시 태어나고, 어떤 사람은 다시
태어나지 않습니다."

"어떤 사람이 다시 태어나고 어떤 사람이 다시

태어나지 않습니까?"

"죄 있는 사람은 다시 태어나고, 죄 없는 사람
은 다시 태어나지 않습니다."

"그대는 다시 태어날 것입니까?"

"죽을 때 생존에 대한 집착을 가지고 죽으면
다시 태어나고, 생존에 대한 집착 없이 죽으면 다
시 태어나지 않습니다."

왕이 또 물었다.

"존자여, 그대는 다음 세상에 다시 태어납니
까?"

"대왕이여, 왜 그런 질문을 하십니까? 나는 이
미 '죽을 때 생존에 대한 집착을 갖고 있다면 다
음 세상에 다시 태어날 것이요, 집착을 갖고 있지
않다면 다음 세상에 태어나지 않는다'고 말씀드
리지 않았습니까?"

"비유를 들어 주십시오."

"대왕이여, 어떤 사람이 왕의 정무政務를 잘 처
리한다고 합시다. 왕은 그에게 만족하여 계속 정

무를 맡길 것이며, 그는 왕의 정무를 수행하는 동안 다섯 가지 욕락[五欲樂]의 대상을 부여받아 매우 만족스럽게 살아갑니다. 그런데 그가 '우리 임금은 어떤 정무도 처리하지 않는다'고 사람들에게 공언한다면, 왕은 그 사람이 옳게 말했다고 하겠습니까?"

"그렇지 않습니다."

"대왕이여, 그와 같습니다. 그런 질문을 다시 해서 무슨 소용이 있겠습니까? 나는 이미 '죽을 때 생존에 대한 집착이 있다면 다음 세상에 다시 태어날 것이요, 집착이 없다면 다음 세상에 다시 태어나지 않는다'고 말씀드리지 않았습니까?"

"잘 알겠습니다. 존자여."

9. 태어나지 않는 자는 윤회하지 않음을 아는가

밀린다왕이 나가세나 존자에게 물었다.

"존자여, 다음 세상에 다시 태어나지 않을 사람은 '나는 다음 세상에서 태어나는 일이 없다'는 것을 알고 있습니까?"

"대왕이여, 그렇습니다."

"그 사람은 어떻게 그것을 압니까?"

"다음 세상에 다시 태어날 원인, 곧 인因과 연緣이 정지하였으므로 다음 세상에 태어나지 않음을 스스로 알 수 있습니다."

"비유를 들어 주십시오."

"대왕이여, 한 농부가 땅을 갈아 씨를 뿌리고 곡식을 가꾸어 창고에 가득 채워 둔 다음, 얼마 동안은 땅을 갈아 씨를 뿌리지 않은 채 저장되어 있는 곡식을 먹거나, 다른 물품과 바꾸거나, 필요에 따라 팔아서 살아간다고 합시다. 대왕이여, 그 농부는 이제 창고에 곡식이 가득 차 있지 않다는 것을 알겠습니까?"

"그렇습니다. 응당 알고 있을 것입니다."

"어떻게 하여 그것을 알 수 있습니까?"

"창고를 채우는 인과 연이 정지되었기 때문에, '창고에 곡식이 차 있지 않다'는 것을 압니다."

"대왕이여, 그와 마찬가지로 다음 세상에 태어날 인因과 연緣이 정지된 것을 아는 사람은 다음 세상에 다시 태어나지 않는다는 것을 압니다."

"잘 알겠습니다 존자여."

10. 마음의 자재한 신통력

밀린다왕이 나가세나 존자에게 물었다.

"존자여, 범천계梵天界는 여기서 얼마나 멀리 떨어져 있습니까?"

"여기서 참으로 멉니다. 대궐만큼 큰 바위를 그

곳에서 떨어뜨린다면, 하루 동안에 4만8천 요자나씩 떨어지는 속도로 넉 달이 걸려야 이 땅 위에 닿습니다."

"존자여, 그대들은 이렇게 말합니다.

'힘센 사람이 구부린 팔을 펴거나 폈던 팔을 구부리는 시간이면, 신통력이 있어 마음이 자재自在롭게 된 수행승은 이승에서 사라져 범천계에 태어난다'고.

나는 이 말을 믿지 않습니다. 그와 같이 상상도 할 수 없을 만큼 빠른 속도로 다다를 수가 있습니까?"

장로가 되물었다.

"그대의 출생지는 어딥니까?"

"알라산다라는 섬에서 태어났습니다."

"알라산다는 여기서 얼마나 멀리 떨어져 있습니까?"

"2백 요자나입니다."

"그대는 전에 거기에서 어떤 일을 치렀는지 지

금 그것을 상기할 수 있습니까?"

"할 수 있습니다."

"대왕이여, 그대는 2백 요자나를 아주 쉽게도 가셨습니다그려."

"잘 알겠습니다. 존자여."

11. 죽은 다음 다시 태어나기까지의 시간

밀린다왕이 나가세나 존자에게 물었다.

"존자여, 이 세상에서 죽어 범천계에 태어나는 것과 이 세상에서 죽어 카슈미르에 태어나는 것 중, 어느 쪽이 먼저 도착합니까?"

"둘 다 동시에 도착합니다."

"비유를 들어 주십시오."

"대왕은 어느 도시에서 태어났습니까?"

"알라산다섬의 칼라시라는 마을에서 태어났습

니다."

"칼라시는 여기서 얼마나 멉니까?"

"약 2백 요자나입니다."

"대왕이여, 칼라시를 생각하십시오."

"생각했습니다."

"이제 카슈미르를 생각하십시오."

"생각했습니다."

"어느 쪽이 더 빨리 생각났습니까?"

"어느 쪽이나 같은 시간이었습니다."

"대왕이여, 마찬가지로 여기서 죽어 범천계에 태어나는 것과 여기서 죽어 카슈미르에 태어나는 것은 동시입니다. 빠르거나 늦는 것은 없습니다.

마치 두 마리 새가 공중을 날고 있다가 한 마리는 높은 나무에, 다른 한 마리는 낮은 나무에 앉았다고 합시다. 두 마리가 동시에 내려앉았다면 어느 쪽 그림자가 땅에 먼저 비치겠습니까?"

"두 마리의 그림자가 동시에 비칩니다."

"대왕이여, 그대가 질문한 경우도 이와 같습니

다.”
　“잘 알겠습니다. 존자여.”

제 3 장
업과 수행

1. 무엇이 불평등을 만들어 내는가

밀린다왕이 나가세나 존자에게 물었다.

"존자여, 모든 사람은 어찌하여 평등하지가 않습니까? 곧 어떤 사람은 단명하고 어떤 사람은 장수합니다. 어떤 사람은 잘 앓고 어떤 사람은 병에 잘 걸리지 않습니다. 어떤 사람은 못생겼고 어떤 사람은 잘생겼습니다. 어떤 사람은 힘이 약하고 어떤 사람은 힘이 셉니다. 어떤 사람은 가난하고 어떤 사람은 부자입니다. 어떤 사람은 비천하게 태어나고 어떤 사람은 고귀하게 태어납니다. 어떤 사람은 우둔하고 어떤 사람은 영리합니다."

존자가 왕에게 반문했다.

"어째서 식물들은 똑같지가 않습니까? 왜 어떤 것은 시고, 어떤 것은 짜고, 어떤 것은 쓰고, 어떤 것은 맵고, 어떤 것은 떫고, 어떤 것은 단맛이 납니까?"

"존자여, 각기 다른 종자로부터 그 맛들이 나오기 때문이라고 생각합니다."

"대왕이여, 그와 마찬가지로, 사람들은 업業이 각기 다르기 때문에 평등하지 못합니다. 곧 전생 업의 결과로 목숨의 길고 짧음, 귀하고 천함, 아름답고 추함, 어질고 어리석음 등 차이가 생깁니다.

이것을 세존께서는 이렇게 말씀하셨습니다.

'바라문 학도들아, 모든 존재는 제각기 자기의 업業을 가지고 있고 그 업을 이어받는다. 그 업에 의하여 모태母胎를 찾고 친척을 만드나니, 업이 존재하는 생명들을 비천하게 만들고 존귀하게 만드는 등의 차별을 이루어내노라.'"

"잘 알겠습니다. 존자여."

2. 지옥불 속에서 녹지 않는 까닭

밀린다왕이 나가세나 존자에게 물었다.
"존자여, 그대들은 말합니다.
'지옥의 불은 자연의 불보다도 훨씬 더 강렬하다. 자연의 불 속에 던져진 조약돌은 하루 동안 태워도 녹지 않지만, 큰 집채만 한 바위도 지옥의 불 속에 들어가면 순식간에 녹아 버린다'고.
나는 이 말을 믿지 않습니다.
또 그대들은 말합니다.
'지옥에 태어난 생명체는 수십만 년 동안 지옥 불 속에서 타더라도 녹아 없어지는 일이 없다'고.

나는 이 말도 믿지 않습니다."

"대왕이여, 암상어와 암악어와 암거북과 암공작과 암비둘기들은 돌이나 자갈, 모래를 먹습니까?"

"존자여, 그렇습니다."

"그 돌이나 자갈이나 모래는 뱃속에 들어가면 녹아 버립니까?"

"그렇습니다. 녹아 버립니다."

"그렇다면 뱃속에 든 그들의 태아胎兒도 녹습니까?"

"그렇지 않습니다."

"어째서 녹지 않습니까?"

"존자여, 숙업宿業의 제약制約에 의해 녹지 않는다고 생각합니다."

"대왕이여, 마찬가지로 지옥에 태어나는 생명체는 수천 년 동안 지옥불 속에 있어도 숙업의 제약 때문에 녹지 않습니다. 지옥에 있는 생명체는 거기서 태어나 거기서 성장하고 또 거기서 죽습

니다. 그러므로 부처님께서는, '악업惡業이 소멸될
때까지 그들은 죽지 않는다'고 하셨습니다."

"다시 한번 비유를 들어 주십시오."
"대왕이여, 암사자와 암호랑이와 암표범과 암
캐들은 단단한 뼈나 고기를 먹습니까?"
"그렇습니다. 그들은 그런 것을 먹습니다."
"그렇다면, 그런 것이 뱃속에 들어가서 녹아 버
립니까?"
"그렇습니다. 녹아 버립니다."
"그들의 뱃속에 든 태아도 녹습니까?"
"그렇지 않습니다."
"어째서 녹지 않습니까?"
"존자여, 숙업宿業의 제약에 의해 녹지 않는다고
생각합니다."
"대왕이여, 마찬가지로 지옥에 태어난 생명체는
수천 년 동안 불 속에 있어도 숙업의 제약에 의해
녹아 없어지지 않습니다."

"또 한 번 비유를 들어 주십시오."

"대왕이여, 그리스의 부녀자와 크샤트리아의 부녀자와 바라문의 부녀자와 궁성의 부녀자들은 단단한 과자와 고기를 먹습니까?"

"그렇습니다. 그들은 단단한 것을 먹습니다."

"단단한 것들이 뱃속에 들어갔을 때 녹지 않습니까?"

"아닙니다. 녹습니다."

"그렇다면 뱃속에 든 어린애도 녹습니까?"

"그렇지 않습니다."

"어째서 녹지 않습니까?"

"존자여, 숙업의 제약에 의해 녹지 않는다고 생각합니다."

"대왕이여, 마찬가지로 지옥에 있는 생명체는 수천 년 동안 태우더라도 숙업의 제약 때문에 녹지 않습니다. 만약 지옥에 태어나면 그들은 거기서 성장하고 거기서 죽어야 합니다. 그래서 부처님께서는, '악업이 소멸되지 않는 한 그들은 죽지 않는다'고 말씀하셨습니다."

"잘 알겠습니다. 존자여."

3. 복덕이 죄과보다 더 크다

밀린다왕이 나가세나 존자에게 물었다.

"존자여, 선행으로 인해 얻는 과보인 복덕과 악행으로 인해 얻는 죄과 중 어느 쪽이 더 큽니까?"

"죄과보다 복덕이 더 큽니다."

"어째서 그러합니까?"

"대왕이여, 죄를 범한 사람은 자기의 악행을 알아차리고 후회하게 됩니다. 그러므로 죄과가 증대하지 않습니다.

이에 반해 복덕을 얻은 사람은 후회하는 일이 없으며, 기쁨과 환희로움이 생깁니다. 몸이 편안해지고, 안락감을 가지며, 마음이 통일되고 평정

되어 있어 사물을 있는 그대로 여실如實하게 봅니다. 그러므로 복덕이 자꾸 자라나게 됩니다.

대왕이여, 예를 들면 죄를 짓고 손발이 잘린 사람이라도 한 묶음의 연꽃을 부처님께 바친다면 91겁劫 동안 지옥에 떨어지지 않는다고 합니다. 이것이 내가 '복덕이 죄과보다 더 크다'고 하는 까닭입니다."

"잘 알겠습니다. 존자여."

4. 선업은 배와 같은 것

밀린다왕이 나가세나 존자에게 물었다.

"존자여, 그대들은 말합니다.

'백 년 동안 악행을 범하였을지라도, 죽을 때 한 번만 부처님을 생각하면 그 사람은 천상天上에 태어날 수 있다'고.

나는 이 말을 믿지 않습니다.

또 그대들은 말합니다.

'단 한 번의 살생殺生으로도 지옥에 태어난다'
고.

나는 이 말도 믿지 않습니다."

"대왕이여, 어떻게 생각합니까? 조그마한 돌을
배에 싣지 않고 물 위에 띄울 수 있습니까?"

"그럴 수 없습니다."

"대왕이여, 백 대의 수레에 실을 만큼 많은 바위
라도 배에 싣는다면 물 위에 뜰 수 있습니까?"

"그렇습니다. 물 위에 뜰 수 있습니다."

"대왕이여, 선업善業은 이 배와 같습니다."

"잘 알겠습니다. 존자여."

5. 모르고 짓는 악행의 죄과가 더 크다

밀린다왕이 나가세나 존자에게 물었다.

"존자여, 알면서 나쁜 짓을 한 사람과 모르고 나쁜 짓을 한 사람 중 누구의 재앙이 더 큽니까?"

"대왕이여, 모르고 나쁜 짓을 한 사람의 재앙이 더 큽니다."

"존자여, 그렇다면 우리 왕자나 대신들이 모르고 잘못을 범하였을 때, 그들에게 갑절의 벌을 내려야 하겠소이다."

"대왕이여, 이글이글 불에 단 쇳덩어리를 한 사람은 모르고 붙잡았고 한 사람은 알고 붙잡았다면, 어느 쪽이 더 심한 화상을 입겠습니까?"

"모르고 붙잡은 사람이 더 심한 화상을 입습니다."

"이와 마찬가지로, 모르고 악행을 짓는 사람이 더 큰 재앙을 받습니다."

"잘 알겠습니다. 존자여."

6. 진리를 사랑하는 이가 얻는 것

밀린다왕이 나가세나 존자에게 물었다.

"존자여, 어머니가 죽어 우는 사람도 있고, 진리를 사랑해 울부짖는 사람도 있습니다. 이들 두 사람 중 어느 쪽이 약이 됩니까?"

"대왕이여, 한쪽 사람에게는 세 가지 생각, 곧 탐욕[貪]과 분노[瞋]와 어리석음[癡]때문에 타오르는 번뇌가 있고, 또 한쪽 사람에게는 기쁜 마음으로 진리를 듣고 얻는 티 없는 청량淸凉함이 있습니다.

대왕이여, 티 없는 청량함과 정적靜寂은 약이 되지만, 타오르는 번뇌와 정염情炎은 약이 될 수 없습니다."

"잘 알겠습니다. 존자여."

7. 탐착을 떠나면 해탈한다

밀린다왕이 나가세나 존자에게 물었다.

"존자여, 욕심으로 가득 차 있는 사람과 욕심을 비운 사람은 어떤 차이가 있습니까?"

"한쪽 사람은 탐착貪着(탐하고 집착함)에 의해 억압되고, 한쪽 사람은 탐착에 의해 억압되지 않습니다."

"탐착함과 탐착하지 않음은 어떻게 다릅니까?"

"대왕이여, 한쪽은 얻어 갖고자 하고, 한쪽은 얻어 갖고자 하지 않습니다."

"존자여, 나는 이렇게 봅니다. 탐착하는 사람이나 탐착하지 않는 사람 모두가 여러 가지 음식 중에서 맛있는 것을 좋아하지, 맛없는 것을 바라지 않는다고."

"대왕이여, 욕심을 떠나지 못한 사람은 맛에 대한 탐착 속에서 음식과 맛을 즐기지만, 욕심을 떠난 사람은 음식의 맛을 느낄 뿐 음식과 맛에 탐착하지 않습니다."

"잘 알겠습니다. 존자여."

8. 출가인이 육신을 아끼는 까닭

밀린다왕이 나가세나 존자에게 물었다.

"존자여, 출가인에게도 육신은 소중한 것입니까?"

"아닙니다. 출가인에게 육신은 소중하지 않습니다."

"그렇다면 왜 그대들은 육신을 아끼고 사랑하고 집착합니까?"

"대왕이여, 그대는 싸움터에 나가 화살을 맞은

일이 있습니까?”

“있습니다.”

“대왕이여, 그때 상처에 연고를 바르고 기름약을 칠하고 붕대를 감습니까?”

“그렇습니다.”

“그렇다면 연고를 바르고 기름약을 칠하고 붕대로 감은 것은 그 상처가 소중해서입니까?”

“아닙니다. 상처가 소중해서가 아니라, 상처 부위에 새살이 돋아 나오게 하기 위해 그렇게 할 뿐입니다.”

“대왕이여, 마찬가지로 출가인에게 육신은 소중한 것이 아닙니다. 출가인은 육신을 아끼고 사랑하고 집착하는 것이 아니라, 청정한 수행을 돕고 이루기 위해 육신을 보호합니다.

부처님께서 ‘육신은 상처와 같은 것’이라고 하셨습니다. 따라서 출가한 자는 육신에 집착하는 것이 아니라 육신을 상처처럼 보호합니다.

또 부처님께서는 말씀하셨습니다.”

육신은 촉촉한 살갗에 싸여 있는
아홉 개의 구멍이 있는 종기와도 같다
부정不淨하고 악취 있는 것이
여기저기서 흘러나온다

"잘 알겠습니다. 존자여."

제 4 장
윤회와 업을 벗는 지혜와 선법들

1. 미리 수행해야 한다

밀린다왕이 나가세나 존자에게 물었다.

"존자여, 그대는 앞에서 '출가하여 수행하는 목적이 괴로움을 없애고, 다시 다른 괴로움이 생기지 않도록 함'이라고 말하였습니다."

"그렇습니다. 우리가 수행하는 것은 그 때문입니다."

"그렇다면, 출가하여 미리부터 수행하고 노력하여야 그렇게 되는 것입니까? 아니면 때가 왔을 때 비로소 노력하면 되는 것입니까?"

"때가 왔을 때 비로소 노력한다 함은 실로 해야 할 일을 꾸준히 하지 않았다는 것입니다. 미리부터 노력하는 것이야말로 괴로움을 없애기 위한 일을 하는 것입니다.

이에 대해 부처님께서는 말씀하셨습니다."

자기에게 복이 되는 일은 미리부터 해야 한다
일을 닥쳐 생각하는 마부처럼 하지 말고
미리 생각하여 슬기롭게 매진할지어다
마부가 탄탄한 대로를 버리고
울퉁불퉁한 지름길을 가다가
마차의 축을 부러뜨리고 낙담하듯이
정법正法을 등지고 잘못된 길을 따라가면
사마死魔의 입에 떨어져 비탄에 잠긴다
돈 다 잃은 노름꾼이 파경에 처할 때처럼

"잘 알겠습니다. 존자여."

2. 왜 미리 수행하는가

밀린다왕이 나가세나 존자에게 물었다.

"존자여, 그대들은 과거의 괴로움을 버리기 위해서 노력합니까?"

"아닙니다."

"그럼 미래의 괴로움을 버리기 위해서 노력합니까?"

"그렇지 않습니다."

"그럼 현재의 괴로움을 버리기 위해서 노력합니까?"

"그렇지도 않습니다."

"만약 그대들이 과거의 괴로움이나 미래의 괴로움이나 현재의 괴로움을 버리기 위해 노력하는 것이 아니라면, 무엇 때문에 그처럼 노력합니까?"

"대왕이여, 우리들은 이 괴로움이 사라지고 저 괴로움이 생겨나지 않기를 바라기 때문에 노력합니다."

"존자여, 그럼 미래의 괴로움은 있습니까?"

"없습니다."

"존자여, 그대들이 지금 있지도 않은 괴로움을 없애기 위해 노력한다고 하니 너무 지나치게 슬기롭습니다그려."

"대왕이여, 그대는 이전에 어떤 적국의 왕과 원수나 대적자로서 맞선 일이 있었습니까?"

"있었습니다."

"그대는 그때에야 비로소 참호를 파고, 보루를 쌓고, 성문을 달고, 망탑을 세우고, 양곡을 실어 오게 하였습니까?"

"아닙니다. 그것들 모두를 미리 준비해 두었습니다."

"그대는 그때에야 비로소 코끼리 다루는 법을 익히고, 말 타는 법을 연습하고, 전차 다루는 법을 훈련하고, 궁술·검술·창술을 수련하게 하였습니까?"

"아닙니다. 존자여, 그것들을 미리 익혀 두게 하

였습니다."

"어떤 목적 때문에 그렇게 했습니까?"

"미래의 위험을 막기 위해서였습니다."

"대왕이여, 미래의 위험이 지금 존재합니까?"

"존재하지 않습니다."

"대왕이여, 그대는 지금 존재하지도 않는 미래의 위험에 대비하기 위해 그런 일을 한다니 지나치게 슬기롭습니다그려."

"다른 비유를 들어 주십시오."

"대왕이여, 그대는 목이 말라 물을 마시고 싶다고 느낄 때 비로소 우물을 파고 저수지를 만듭니까?"

"존자여, 그렇지 않습니다. 그런 것들은 미리 준비를 해 둡니다."

"무엇 때문에 그렇게 합니까?"

"미래의 목마름에 대비하기 위해서입니다."

"그렇다면, 미래의 목마름은 지금 존재합니까?"

"존재하지 않습니다."

"대왕이여, 그대는 지금 존재하지도 않는 미래의 목마름에 대비한다고 하니 지나치게 슬기롭습니다그려."

"다시 한번 비유를 들어 주십시오."

"대왕이여, 그대는 어떻게 생각하십니까? 그대는 배가 고파 무엇이 먹고 싶을 때 비로소 밭을 갈고 씨앗을 심습니까?"

"그렇지 않습니다. 그런 일은 미리 준비합니다."

"무엇 때문에 그렇게 합니까?"

"미래의 배고픔을 대비하기 위해서입니다."

"그렇다면 미래의 배고픔이 지금 존재합니까?"

"아닙니다."

"대왕이여, 그대는 지금 존재하지도 않는 미래의 배고픔에 대비한다고 하니 지나치게 슬기롭습니다그려."

"잘 알겠습니다. 존자여."

3. 생사윤회를 벗어나게 하는 것

밀린다왕이 나가세나 존자에게 물었다.

"존자여, 내세에 다시 태어나지 않고 생사윤회를 벗어나는 사람은 바르게 마음을 모으는 작용〔如理作意〕에 의해 벗어나게 됩니까?"

"대왕이여, 바르게 마음을 모으는 작용과 지혜와 그 밖의 선법善法들에 의하여 생사윤회를 벗어납니다."

"바르게 마음을 모으는 작용과 지혜는 같은 것이 아닙니까?"

"그렇지 않습니다. 바르게 마음을 모으는 작용과 지혜는 다른 것입니다. 양과 산양과 소와 물소와 낙타와 노새에게도 마음을 모으는 작용은 있지만 지혜는 없습니다."

"잘 말씀하셨습니다. 존자여."

4. 마음 모음과 지혜의 특징

밀린다왕이 나가세나 존자에게 물었다.

"바르게 마음을 모으는 것의 특징은 무엇이며, 지혜의 특징은 무엇입니까?"

"바르게 마음을 모으는 것은 파지把持, 곧 이해 하여 움켜잡는 것을 특징으로 하고, 지혜는 끊어 버림(斷切)을 특징으로 합니다."

"어찌하여 바르게 마음을 모으는 것은 움켜잡 는 것을 특징으로 하며, 어찌하여 지혜는 끊어버 림을 특징으로 합니까? 비유를 들어 주십시오."

"그대는 보리를 베는 사람을 본 적이 있습니 까?"

"여러 번 보았습니다."

"그 사람들은 어떻게 보리를 벱니까?"

"왼손으로 보릿대를 움켜잡고 오른손에 든 낫 으로 보리를 벱니다."

"대왕이여, 그와 같습니다. 출가자는 바르게 마

음을 모으는 작용에 의해 스스로의 마음을 움켜
잡고 지혜로 스스로의 번뇌를 끊어버립니다. 이
와 같이 하기 때문에 마음을 모으는 작용은 움켜
잡음을 특징으로 하고, 지혜는 끊어버림을 특징
으로 한다는 것입니다."

"잘 말씀하셨습니다. 존자여."

5. 지혜는 모든 것을 끊을 수 있다

밀린다왕이 나가세나 존자에게 물었다.

"존자여, 모든 미세한 것도 끊을 수 있습니까?"

"그렇습니다. 모든 미세한 것도 끊을 수 있습니
다."

"그렇다면 모든 미세한 것이란 무엇입니까?"

"대왕이여, 모든 미세한 것은 법法(사물)입니다.
그러나 모든 사물〔諸法〕이 다 미세한 것은 아닙니

다. 어떤 것은 미세하고 어떤 것은 거칠기도 합니다.

끊을 수 있는 것은 그 무엇이든 지혜〔般若〕로서 끊을 수 있습니다. 그러나 지혜를 끊을 수 있는 것은 존재하지 않습니다."

"잘 알겠습니다. 존자여."

6. 그 밖의 선법이란

밀린다왕이 나가세나 존자에게 물었다.

"존자여, 또 지혜와 함께 '그 밖의 선법善法'으로 생사윤회를 벗어나게 한다고 하였는데, 그 밖의 선법이란 어떤 것입니까?"

"대왕이여, 계행戒行과 믿음〔信〕·정진精進〔勤〕·전념專念〔念〕·정신통일〔定〕 지혜〔慧〕 등의 선법입니다."

7. 계행은 모든 선법의 근원

밀린다왕이 나가세나 존자에게 물었다.

"존자여, 계행戒行의 특징은 무엇입니까?"

"계행은 모든 선법善法의 근거가 됩니다. 곧 다섯 가지 도덕적인 능력[五根오근]·다섯 가지 힘[五力오력]·일곱 가지 깨침에 필요한 것[七覺支칠각지]·여덟 가지 신성한 길[八正道팔정도]·네 가지 전념의 확립[四念處사념처]·네 가지 올바른 노력[四正勤사정근]·네 가지 신통력의 구족[四神足사신족]·네 가지 단계의 선[四禪사선]·여덟 가지 해탈[八解脫팔해탈]·네 가지 정신통일[四定사정]·여덟 가지 마음의 통일[八等持팔등지] 등, 이들 모든 선법이 계행을 근거로 하여 확립됩니다. 곧, 계행이 갖추어진 사람에게는 일체의 선법善法이 저절로 확립됩니다."

"예를 들어 주십시오."

"대왕이여, 성장하고 장성하고 번성하는 모든 동식물들은 어느 것이든, 땅에 의존하고 땅을 근거로 하여 성장하고 번성하고 무성해집니다. 마찬가지로 출가자는 계행에 의존하고, 계행을 근거로 하여 구경究竟(최상의 경지)에 이릅니다."

"더 좋은 비유를 들어 주십시오."
"대왕이여, 도시 설계자가 도시를 건설하려고 할 때, 먼저 도시의 터를 깨끗이 닦고 나무 밑동이나 가시덤불을 치우고 땅을 평평하게 고른 다음, 차도와 십자로와 광장과 상가 등을 배열하여 도시를 건설합니다. 마찬가지로 출가자는 계행에 의지하고 계행에 의해 기반을 확립시킴으로써, 다섯 가지 도덕적 능력인 믿음·정진·전념·정신통일·지혜를 스스로 증진시킵니다."

"비유를 하나 더 들어 주십시오."
"대왕이여, 곡예사가 요술을 보이려고 할 때, 먼저 땅을 파고 돌과 깨진 기와를 제거하여 땅을 평평하게 한 다음, 그 부드러운 땅 위에서 요술을 보입니다. 마찬가지로 출가자는 계행에 의지하고 계행에 의해 기반을 확립한 다음, 다섯 가지 도덕적 노력인 믿음·정진·전념·정신통일·지혜를 발전시킵니다.

대왕이여, 부처님께서는 이것을 다음과 같이 말씀하셨습니다."

현명한 사람은 계행을 근거로 하여
마음을 단련시키고 지혜를 키우나니
열의가 있고 깨달음이 있는 비구는
계행으로 인생의 모든 결박을 풀게 된다
마치 대지가 모든 생물의 근거가 되듯이
계행의 근거가 되는 최상의 계율들은
선善을 증대시키는 근본이 되고
부처님 세계로 들어가는 문이 되노라

"잘 알겠습니다. 존자여."

8. 믿음의 특징은 청정과 향상의 원

밀린다왕이 나가세나 존자에게 물었다.
"존자여, 믿음[信]의 특징은 무엇입니까?"
"대왕이여, 청정淸淨과 향상向上의 원願입니다."

"존자여, 청정이 어떻게 믿음의 특징이 됩니까?"
"대왕이여, 마음에서 믿음이 솟아날 때 믿음은 다섯 가지 장애[五蓋]인 탐욕·성냄·게으름·자만·의심을 쳐부수며, 장애를 벗어난 마음은 맑게 가라앉아 깨끗해지고 흐림이 없어집니다."
"비유를 들어 주십시오."
"대왕이여, 전륜성왕轉輪聖王이 네 종류의 군대인 코끼리부대·기마부대·전차부대·보병부대를 거느리고 행군하는 도중에 조그마한 강을 건너게 되었습니다. 강물은 이들 네 종류의 군대에 의해 흐려지고 흙탕물이 되어 버렸습니다.
그런데 강을 다 건너고 난 왕은 부하들에게 '마

실 물을 가져오너라. 물을 마시고 싶다'고 했습니다. 신하들이 '강물이 너무 탁해 마실 수 없다'고 하자, 왕은 자신만이 가지고 있는 물을 맑게 하는 마니주摩尼珠〔水淸珠〕를 내어주었고, 부하들이 그 마니주를 강물에 던지자 곧 물풀〔水草〕들이 없어지고 흙탕물이 가라앉아 물이 다시 깨끗해졌습니다. 그때 부하들은 마실 물을 떠서 왕에게 바쳤습니다.

대왕이여, 마음은 강물과 같고 출가자는 부하와 같습니다. 또 번뇌는 물풀이나 흙탕물과 같고, 믿음은 물을 맑게 하는 마니주와 같습니다. 물을 맑게 하는 마니주를 물속에 던지자마자 물속의 풀이 없어지고 흙탕물이 가라앉아 물이 맑아지듯이, 믿음이 솟아날 때 탐욕·성냄·게으름·자만·의심의 다섯 가지 장애가 없어지고 마음이 청정하게 됩니다."

"존자여, 그럼 향상向上의 원願이 어떻게 믿음의

특징이 될 수 있습니까?"

"대왕이여, 출가자는 성인이 어떻게 해탈했는지를 알고서 그와 같이 수행을 하여, 예류과預流果(깨달음의 흐름 속으로 들어가는 경지)와 일래과—來果(한번 이 세상에 왔다 가는 경지)와 불환과不還果(다시는 이 세상에 태어나지 않는 경지)와 아라한과阿羅漢果(번뇌가 없는 깨달음의 경지) 등에 뛰어듭니다. 또 아직 이르지 못한 곳에 이르고, 아직 느끼지 못한 것을 경험하고, 아직 얻지 못한 것을 얻기 위하여 수행합니다. 이와 같이 믿음은 향상의 원을 발하게끔 하는 특징이 있습니다."

"비유를 들어 주십시오."

"대왕이여, 큰비가 산 위에 내리면 빗물이 낮은 곳을 따라 흘러 골짜기와 벌어진 바위틈을 메우고 강을 채운 다음, 강의 둑을 넘어 범람하게 됩니다.

그때 강의 깊이와 넓이를 모르는 많은 사람들이 망설이며 강기슭에 서 있는데, 자기의 체력과 역량을 아는 어떤 사람이 허리띠를 졸라매고 강물에 뛰어들어 저쪽 둑으로 건너간다면, 나머지 사람들도 그 사람의 뒤를 따라 강을 건널 것입니다.

마찬가지로 출가자는 나머지 사람들이 강물에 뛰어드는 것처럼, 앞에서 말한 네 가지 단계의 경지에 이르기 위해 수행을 합니다.

세존께서는 이렇게 말씀하셨습니다."

사람들은 믿음에 의해 거센 물을 건너고
근면에 의해 생사의 바다를 건넌다
정진에 의해 모든 괴로움을 뛰어넘고
지혜에 의해 완전한 청정을 이룬다

"잘 알겠습니다. 존자여."

9. 정진精進이 일체 선법을 지탱한다

밀린다왕이 나가세나 존자에게 물었다.

"존자여, 정진[勤]의 특징은 무엇입니까?"

"대왕이여, 일체 선법善法을 떠받치는 것이 정진의 특징입니다. 정진으로 떠받쳐진 일체의 선법은 없어지지 않습니다."

"비유를 들어 주십시오."

"대왕이여, 집이 쓰러지려고 할 때 딴 목재로 집을 떠받치면, 딴 목재로 떠받쳐진 집은 무너지지 않습니다. 마찬가지로 정진의 특징은 선법을 떠받치는 것으로, 정진에 의해 떠받쳐진 일체의 선법은 무너지지 않습니다."

"다시 한번 비유를 들어 주십시오."

"대왕이여, 대군이 숫자가 적은 소군을 공격할 때, 소군 측의 왕이 다른 나라와 연합하여 군대를 증강하게 되면 대군을 물리칠 수 있습니다. 이와 마찬가지로 정진의 특징은 지원支援을 하는 것이며, 정진의 지원을 받는 일체의 선법은 없어지지 않습니다.

대왕이여, 부처님께서는 이렇게 말씀하셨습니다."

비구들아, 정진하는 제자는
악을 버리고 선을 계발하며
잘못된 것을 버리고 바른 것을 구하나니
정진은 스스로를 청정하게 만드느니라

"잘 알겠습니다. 존자여."

10. 전념의 특징은 열거와 유지

밀린다왕이 나가세나 존자에게 물었다.

"존자여, 전념專念(집중. 오로지 한 가지 수행에만 마음을 씀)의 특징은 무엇입니까?"

"대왕이여, 열거列擧와 유지維持(항상 간직함)입니다."

"존자여, 열거列擧가 어떻게 전념의 특징이 됩니까?"

"대왕이여, 수행자가 전념을 닦을 때는 선과 악〔善惡〕, 정과 사〔正邪〕, 높고 낮음〔尊卑〕, 흑과 백〔黑白〕 등 대조적인 성질의 것을 반복해서 열거해야 합니다. 또 '이것이 네 가지를 깊이 생각하는 사념처四念處이다, 이것이 네 가지 바른 노력인 사정근四正勤이다, 이것이 네 가지 신통력인 사신족四神足이다, 이것이 다섯 가지 정신력의 작용인 오근五根이요, 이것이 다섯 가지 비상한 힘인 오력五力이다, 이것이 깨달음에 도움이 되는 일곱 가지인 칠각지七覺支이다, 이것이 여덟 가지 성스러운 길인 팔정도八正道이다, 이것이 바른 관찰〔正觀〕이요, 밝은 지혜〔明智〕요 해탈解脫이다' 하면서 열거를 합니다.

그리하여 출가자는 닦아야 할 것은 닦고〔修習〕,
닦지 말아야 할 것은 닦지 않으며, 가까이해야
할 것은 가까이하고, 가까이하지 말아야 할 것은
가까이하지 않습니다.

대왕이여, 이와 같이 전념은 열거를 특징으로
하고 있습니다."

"비유를 들어 주십시오."

"대왕이여, 전륜성왕의 재산관리인이 조석으로
왕에게 재산을 열거하여 상기시켜 주는 것과 같
습니다. 곧 재산관리인이 '대왕이여, 코끼리부대
는 얼마요, 기마부대는 얼마요, 전차부대는 얼마
요, 보병부대는 얼마입니다. 황금은 얼마이고, 금
화金貨는 얼마이며, 재보財寶는 얼마입니다. 이것을
기억해 주소서'라고 왕의 재산을 열거하는 것과
같습니다."

"존자여, 유지維持(항상간직함)가 어떻게 전념의 특징이 됩니까?"

"대왕이여, 수행자가 전념을 닦을 때는 이익되는 것[善法]과 이익되지 않는 것[不善法]의 범주를 추구해야 합니다. 곧 이러이러한 것은 선이고, 이러이러한 것은 악이며, 이러이러한 것은 유용하고, 이러이러한 것은 유용하지 않다[顚倒]는 것을 가려냅니다. 그리하여 자신에게 악한 것과 유용하지 않은 것은 하지 않고, 선한 것과 유익한 것은 항상 유지합니다. 그러므로 유지를 전념의 특징이라고 하는 것입니다."

"비유를 들어 주십시오."

"대왕이여, 전륜성왕에게 이롭고 이롭지 않은 것을 잘 아는 믿음직한 신하가 '이것은 이익되고 이것은 이롭지 않으며, 이것은 유용하고 이것은 유용하지 않다'고 충언을 드리는 것과 같습니다.

그리하여 왕은 자신에게 악한 것을 하지 않고 선한 것을 계속 유지합니다.

대왕이여, 부처님께서는 말씀하셨습니다."

전념은 언제 어떠한 경우일지라도
유익한 것이니라

11. 선정의 특징은 선법의 통솔

밀린다왕이 나가세나 존자에게 물었다.

"존자여, 선정禪定(정신통일)의 특징은 무엇입니까?"

"대왕이여, 선정의 특징은 우두머리입니다. 일체의 선법은 선정을 우두머리로 하여 통솔되고, 하나로 모여들게 됩니다."

"비유를 들어 주십시오."

"대왕이여, 모든 서까래는 꼭대기에 있는 대들보로 향하고, 대들보에서 만납니다. 선정과 일체의 선법도 이와 같은 관계에 있습니다."

"비유를 다시 한번 들어 주십시오."

"대왕이여, 왕이 4군을 거느리고 전쟁터에 나간다고 합시다. 모든 군사, 곧 코끼리부대·기마부대·전차부대·보병부대의 군사들은 모두 왕을 우두머리로 하여 왕에게로 향하고 왕의 통솔을 받으며 전열을 정돈합니다. 일체 선법과 선정의 관계도 이와 같습니다.

대왕이여, 부처님께서는 이렇게 말씀하셨습니다."

비구들아 선정(정신통일)을 닦아라
선정을 성취한 이는 모든 것을
참된 모습 그대로 보게 되느니라

"멋진 말씀입니다. 존자여."

12. 지혜의 특징은 광명

밀린다왕이 나가세나 존자에게 물었다.

"존자여 지혜智慧의 특징은 무엇입니까?"

"대왕이여, 나는 앞에서 이미 지혜의 특징이 끊어버림〔斷切〕이라고 말했습니다. 이와 동시에 지혜는 광명光明을 특징으로 하고 있습니다."

"광명이 어떻게 지혜의 특징이 됩니까?"

"대왕이여, 지혜가 생길 때 지혜는 무명無明의 어둠을 타파하여 밝게 알 수 있도록 하며, 지식의 광명을 나타내어 성스러운 진리〔聖諦〕를 드러냅니다. 이리하여 수행자는 바른 지혜〔正慧〕에 의해 일체가 '무상無常이요 고苦요 무아無我'라는 것을 밝게 비치어 볼 수가 있습니다."

"비유를 들어 주십시오."

"대왕이여, 어떤 사람이 어두운 집안으로 등불을 가지고 들어온다고 합시다. 들고 온 등불은 어둠을 깨는 광명을 발하여 밝게 비추어서 거기에 있는 모든 것들을 잘 볼 수 있게 합니다. 마찬가지로 수행자는 지혜로써 가장 밝은 광명을 발하여 모든 것을 바로 비추어 봅니다."

"잘 말씀하셨습니다. 존자여."

13. 지혜는 어디에 깃드는가

밀린다왕이 나가세나 존자에게 물었다.

"존자여, 지혜는 어디에 깃들어 있습니까?"

"대왕이여, 어디에도 깃들어 있지 않습니다."

"그렇다면, 지혜는 실재하지 않는 것입니까?"

"대왕이여, 바람은 어디에 있습니까? 바람이 있는 곳을 알면 말해 주십시오."

"존자여, 바람이 머물러 있는 곳은 어디에도 없습니다."

"그렇다고 바람이 없는 것입니까?"

"잘 알겠습니다. 존자여."

14. 지혜가 생겨나면 어리석음은 곧 사라진다

밀린다왕이 나가세나 존자에게 물었다.

"존자여, 지혜를 가진 자가 미혹迷惑해하는 일이 있습니까? 없습니까?"

"어떤 일에 대해서는 미혹하고, 어떤 일에 대해서는 미혹하지 않습니다."

"어떤 일에 대해 미혹합니까?"

"익히지 않은 기술의 영역이나, 아직 가본 적이 없는 지방이나, 아직 들어 보지 못한 이름과 술어 등에 대해서는 미혹합니다."

"어떤 일에 대해 미혹하지 않습니까?"

"지혜로 통찰하여 달관達觀한 것, 곧 '무상無常이요 고苦요 무아無我'라는 것에 대해서는 미혹하지 않습니다."

"그럼 지혜가 생겨나면 어리석음[癡]은 어떻게 됩니까?"

"지혜가 생기자마자 어리석음은 곧 사라져 버립니다."

"비유를 들어주십시오."

"어떤 사람이 어두운 방 안으로 등불을 가져왔을 때, 어둠이 사라지고 밝음이 나타나는 것과 같습니다."

"존자여, 그렇다면 지혜는 어디로 갑니까?"

"지혜는 자신의 해야 할 일을 성취하자마자 곧 사라집니다. 그러나 지혜에 의해 성취된 무상과 고苦와 무아無我에 대한 깨달음은 없어지지 않습니다."

"존자여, 지금 말씀에 대하여 비유를 들어 주십시오."

"어떤 사람이 한밤중에 서기를 불러 등불을 밝

히고 편지를 쓰게 했습니다. 편지쓰기가 끝났을 때 그는 서기를 내보내고 등불을 껐습니다. 이 경우 등불이 꺼져도 편지는 없어지지 않습니다. 마찬가지로 지혜는 사라지지만 지혜에 의하여 성취된 무상·고·무아에 대한 깨달음은 없어지지 않습니다."

"다시 한번 비유를 들어 주십시오."

"동쪽 어느 시골에는 집집마다 다섯 개의 물병을 준비해 두었다가 화재가 나면 끄는 풍속이 있습니다. 사람들은 집에 불이 나면 그 다섯 개의 물병을 집어 던져 불을 끈다고 합니다. 이렇게 하여 불을 끈 다음에 그 사람들은 물병을 주워 계속 사용하려는 생각을 하겠습니까?"

"아닙니다, 존자여. 물병들은 이제 소용이 없습니다. 불을 끈 다음에 물병이 무슨 소용이 있겠습니까?"

"대왕이여, 다섯 개의 물병은 다섯 가지 뛰어난

수행인 믿음[信]·정진[勤]·전념[念]·정신통일[定]
·지혜[慧]와 같고, 시골 사람들은 수행자와 같으
며, 불은 번뇌와 같습니다. 시골 사람들이 다섯
개의 물병으로 불을 끄는 것과 같이, 수행자는
다섯 가지 뛰어난 수행으로 모든 번뇌의 불을 끕
니다. 이리하여 소멸된 번뇌들은 두 번 다시 일어
나는 일이 없습니다."

"또 비유를 들어 주십시오."
"의사가 약초로 만든 다섯 가지 약을 환자에게
먹여 병을 낫게 하였습니다. 이 경우 의사가 다시
그에게 그 약을 먹이려고 하겠습니까?"
"아닙니다. 약은 이미 할 일을 다 했습니다. 병
이 나은 사람에게 약이 무슨 소용이 있겠습니
까?"
"대왕이여, 다섯 가지 약은 믿음[信]·정진[勤]·
전념[念]·정신통일[定]·지혜[慧]의 뛰어난 다섯 가
지 수행과 같고, 의사는 수행자, 병은 번뇌, 환자

는 범부凡夫와 같습니다. 다섯 가지 약에 의해 병이 낫는 것처럼, 뛰어난 다섯 가지 수행에 의해 모든 번뇌는 소멸되며, 지혜는 사라지지만 성취된 깨달음은 없어지지 않습니다."

"또 비유를 들어 주십시오."
"용감한 병사가 싸움터에 나가 다섯 개의 화살을 쏘아 적을 물리쳤다고 합시다. 용사가 더 이상 화살을 쏠 필요가 있습니까?"
"아닙니다. 화살을 쏘아야 할 일은 이미 다 했습니다. 무엇 때문에 화살을 더 쏘겠습니까?"
"대왕이여, 그와 같습니다. 다섯 개의 화살에 적군이 격파되는 것처럼 믿음[信]·정진[勤]·전념[念]·정신통일[定]·지혜[慧]의 다섯 개의 뛰어난 수행에 의해 모든 번뇌가 타파되면, 타파된 번뇌는 두 번 다시 일어나는 일이 없습니다. 이와 같이 지혜는 할 일을 마치자마자 곧 없어지지만, 그 지혜에 의하여 성취된 무상과 고와 무아에 대한 깨달음은 없어지지 않습니다."

"잘 알겠습니다. 존자여."

15. 선법善法들이 번뇌를 끊는다

밀린다왕이 나가세나 존자에게 물었다.

"존자여, 앞서 살펴본 계행〔戒〕·믿음〔信〕·정진〔勤〕·전념〔念〕·정신통일〔定〕·지혜〔慧〕 등의 여러 가지 선법들로 동일한 목적을 성취할 수 있습니까?"

"그렇습니다. 이들 선법은 각각 다르지만, 모두 동일한 목적을 성취합니다. 곧 이들 선법의 동일한 목적은 번뇌를 끊는 것입니다."

"비유를 들어 주십시오."

"이 선법들은 여러 가지 부대들, 곧 코끼리부대·기마부대·전차부대·보병부대들이 전쟁터에서

적군을 쳐부순다는 동일한 목적을 이루는 것과
같습니다."

"잘 알겠습니다. 존자여."

16. 깨달음에 이르는 일곱 가지 방법〔七覺支〕

밀린다왕이 나가세나 존자에게 물었다.

"존자여, 깨달음에 이르는 방법으로 또 다른 것
이 있습니까?"

"대왕이여, ①택법擇法(올바른 법을 택함) ②정진精進(법대로 정진함)
③희喜(법을 실천하는 기쁨) ④경안輕安(심신이 편안함) ⑤사捨(치우침과 집착이 없음) ⑥
정定(정신 통일) ⑦염念(마음을 챙김) 등의 일곱 가지로 구성된
칠각지七覺支가 있습니다."

"이 중 몇 가지 방법에 의해 깨닫게 됩니까?"

"한 가지 방법, 곧 올바른 법을 택하는 택법에
의합니다."

"그렇다면 왜 일곱 가지가 있다고 하였습니까?"

"대왕이여, 칼이 칼집에 꽂혀 있고 손에 쥐어져 있지 않다면 베고 싶은 것을 벨 수 있습니까?"

"벨 수 없습니다."

"대왕이여, 마찬가지로 택법이라는 한 가지 방법이 없으면, 그 밖의 여섯 가지 방법에 의하여 깨달음에 이를 수〔覺證〕 없기 때문입니다."

"잘 알겠습니다. 존자여."

제 5 장
'나'를 형성하는 것

1. 시간은 존재하는가

밀린다왕이 나가세나 존자에게 물었다.

"존자여, '시간'이 무엇입니까?"

"대왕이여, 과거·현재·미래를 말합니다."

"도대체 시간이란 존재합니까?"

"존재하는 시간도 있고, 존재하지 않는 시간도 있습니다."

"어떤 시간은 존재하고 어떤 시간은 존재하지 않습니까?"

"대왕이여, 형성력이 다하여 지나가 버렸거나, 끝나 버렸거나, 없어져 버린 과거의 시간은 존재하지 않습니다. 그러나 결과를 낳는 분명한 일이 있고, 분명한 결실이 있고, 다른 곳에서 다시 태어나는 경우에는 시간이 존재합니다.

죽어서 다른 곳에 다시 태어나는 중생에게는 시간이 존재하며, 죽어서 다른 곳에 다시 태어나지 않는 존재에게는 시간이 존재하지 않습니다. 완전히 자유롭게 되어 완전한 열반涅槃에 들어간 존재에게는 시간이 존재하지 않습니다. 왜냐하면 완전히 해탈했기 때문입니다."

"잘 알겠습니다. 존자여."

2. 시간의 근본은 무엇인가

밀린다왕이 나가세나 존자에게 물었다.

"존자여, 과거 시간의 근본은 무엇이고, 현재 시간의 근본은 무엇이며, 미래 시간의 근본은 무엇입니까?"

"대왕이여, 과거·현재·미래 시간의 근본은 무명無明(진리에 대한 무지)입니다.

　무명으로 말미암아 형성력인 행行이 생기고, 행으로 말미암아 식별작용(識)이 생기고, 식별작용으로 말미암아 이름과 형상(名色)이 생기고, 이름과 형상으로 말미암아 여섯 가지 감각기관(六入)이 생기고, 여섯 가지 감각기관으로 말미암아 대상과의 접촉(觸)이 생기고, 접촉으로 말미암아 감수작용(受)이 생기고. 감수작용으로 말미암아 갈애(愛)가 생기고, 갈애渴愛로 말미암아 취하는 행동(取)이 생기고, 그 행동으로 말미암아 존재(有)가 생기고, 존재로 말미암아 태어남(生)이 생기고, 태어남으로 말미암아 늙음(老)과 죽음(死)과 근심·슬픔·고통·절망(憂悲苦惱) 등이 생깁니다.

　이 모든 시간의 과거 궁극점(최초의 시작)은 분명히 인식되지 않습니다."

　"잘 대답하였습니다. 존자여."

3. 인식되지 않는 시간의 시작점

밀린다왕이 나가세나 존자에게 물었다.

"존자여, 그대는 모든 시간의 최초 시작점은 인식되지 않는다고 하였습니다. 비유를 들어 주십시오."

"대왕이여, 어떤 사람이 조그마한 씨 하나를 땅에 심는다고 합시다. 그 씨는 싹이 터서 점차로 성장하고 무성하게 열매를 맺습니다. 그 사람이 다시 씨를 받아 땅에 심으면 또 자라 열매를 맺게 됩니다. 이 씨, 곧 종자의 연속에 끝이 있습니까?"

"존자여, 끝이 없습니다."

"대왕이여, 이와 마찬가지로 시간의 최초 시작점도 인식할 수 없습니다."

"다시 한번 비유를 들어주십시오."

"닭이 알을 낳고 그 알에서 닭이 생기고, 또 그

닭에서 알이 생겨납니다. 이 연속에 끝이 있습니까?"

"아닙니다. 끝이 없습니다."

"대왕이여, 이와 마찬가지로 시간의 최초 시작점은 인식될 수 없습니다."

"또 비유를 들어 주십시오."

그때 존자는 땅에 원을 그리고 왕에게 물었다.

"이 원에 끝이 있습니까?"

"없습니다."

"대왕이여, 이와 같은 원의 순환을 세존께서는 설하신 바 있습니다. 곧 눈[眼]과 형상[色]에 의해 눈의 식별작용[眼識]이 생기고, 이들 셋이 화합할 때 접촉[觸]이 생기며, 접촉으로 말미암아 감수[受]가 생기고, 감수로 말미암아 갈애[愛]가 생기고, 갈애로 말미암아 취하는 행동[取·業]이 생기고, 행동으로부터 또다시 눈이 생겨난다고 하셨습니다. 이와 같은 연속에 끝이 있겠습니까?"

"존자여, 끝이 있을 수 없습니다."

나가세나 존자는 다시 그 밖의 감각기관인 귀
·코·혀·몸·마음의 하나하나에 대해 거기에 알
맞은 순환을 들어 반문을 했고, 그에 대한 왕의
대답은 언제나 같았으므로 존자는 이렇게 결론
지었다.

"대왕이여, 그와 같이 시간의 최초의 시작점은
인식되지 않습니다."

"잘 대답하였습니다. 존자여."

4. 형성력(行)이란

밀린다왕이 나가세나 존자에게 물었다.

"행行, 곧 무명에 의해 무엇인가를 만들어내는
어떤 형성력形成力이 있습니까?"

"그렇습니다."

"그것은 어떤 것입니까?"

"눈[眼]과 형상[色]이 있는 곳에 눈의 식별작용[識]이 있고, 눈의 식별작용이 있는 곳에 눈의 접촉[觸]이 있고, 눈의 접촉이 있는 곳에 감수[受]가 있고, 감수가 있는 곳에 갈애[愛]가 있고, 갈애가 있는 곳에 취함[取]이 있습니다. 취함이 있으면 존재의 생겨남[有]이 있고 존재가 생겨나면 태어남[生]이 있고, 태어남이 있으면 늙음과 죽음과 근심·슬픔·고통·절망 등이 있습니다. 이리하여 모든 괴로움이 생겨납니다.

이에 반하여 눈과 색이 없는 곳에는 눈의 식별작용이 없고, 눈의 식별작용이 없는 곳에는 감수작용이 없고, 감수가 없는 곳에는 갈애가 없고, 갈애가 없는 곳에는 취함이 없고, 취함이 없는 곳에는 존재의 생겨남이 없고, 존재의 생겨남이 없는 곳에는 태어남이 없고, 태어남이 없는 곳에는 늙음과 죽음과 근심·슬픔·고통·절망 등이 없습니다. 이리하여 모든 괴로움이 사라지게 됩니다."

"잘 알겠습니다. 존자여."

5. 형성력[行]은 어떻게 생기는가

밀린다왕이 나가세나 존자에게 물었다.

"행行, 곧 존재의 형성력은 점차로 생성됨이 없이 갑자기 생겨납니까?"

"아닙니다. 행行, 곧 형성력은 점차로 생성됩니다."

"비유를 들어 주십시오."

"대왕이여, 그대가 지금 앉아 있는 이 집은 갑자기 생겨난 것입니까?"

"아닙니다. 존자여, 갑자기 생겨난 것은 이 세상에 하나도 없습니다. 이 집은 점차적으로 생성되었습니다. 곧 집의 재목은 숲에서 가져왔고, 진흙은 땅에서 나왔으며, 사람들의 노동에 의하여 건

축되었습니다."

"대왕이여, 그와 같습니다. 점차적인 생성 없이 갑자기 생겨나는 형성력(行)은 없습니다. 행行, 곧 형성력은 발전 과정에 의해 생겨나는 것입니다."

"다시 비유를 들어 주십시오."

"모든 나무와 식물은 씨앗이 땅에 심어져 점차로 자라고 무성해지고 성장하여 꽃과 열매를 맺습니다. 나무와 식물은 점차적인 생성 없이 갑자기 생겨난 것이 아니라, 현재까지의 발전 과정에 의해 생겨난 것입니다.

대왕이여, 마찬가지로 점차적인 생성 없이 갑자기 생겨나는 형성력은 없습니다. 행行, 곧 형성력은 발전의 한 과정에 의하여 생겨납니다."

"또 비유를 들어 주십시오."

"옹기장이는 땅속의 진흙을 파서 여러 가지 옹기를 만들어 냅니다. 그 옹기들은 어느 날 갑자기 생겨난 것이 아니라, 현재까지의 발전 과정을 거쳐 생겨난 것입니다. 대왕이여, 마찬가지로 점차적인 생성 없이 갑자기 생겨나는 형성력은 없습니다. 행行, 곧 형성력은 발전의 과정을 거쳐 생겨납니다."

"또 비유를 들어 주십시오."
"대왕이여, 가령 공후箜篌(비파)에 줄받침이 없고 가죽이 없고 빈 공간이 없고 몸체[器體]와 목[頸部]과 줄과 활이 없고, 그것을 타는 사람의 알맞은 연주가 없다면 음악이 이루어지겠습니까?"
"이루어지지 않습니다. 존자여."
"그러한 모든 것이 있다면 소리가 나겠습니까?"
"그렇습니다. 물론 소리가 납니다."
"대왕이여, 꼭 그와 같습니다. 점차적인 생성 없이 갑자기 생겨나는 형성력이란 없습니다. 행行, 곧 형성력은 발전 과정을 거쳐 생겨납니다."

"또 비유를 들어 주십시오."

"대왕이여, 가령 불을 일으키는 막대기[鑽木]와 빙글빙글 돌리는 막대기[小鑽木]와 부싯돌[火翅]이 없고, 불을 일으키기에 적합한 사람의 노력이 없다면 불이 일어나겠습니까?"

"일어나지 않습니다."

"그 모든 조건이 구비된다면 불이 일어나겠습니까?"

"일어납니다."

"대왕이여, 꼭 그와 같습니다. 점차적인 생성 없이 갑자기 생겨나는 형성력이란 없습니다. 행行, 곧 형성력은 발전 과정을 거쳐 생겨납니다."

"비유를 더 들어 주십시오."

"대왕이여, 가령 불을 일으키는 돋보기와 태양열과 말린 소똥이 없다면 불을 일으킬 수 있겠습니까?"

"없습니다."

"그러한 모든 것이 구비된다면 불을 일으킬 수 있겠습니까?"

"일으킬 수 있습니다."

"대왕이여, 꼭 그와 같습니다. 점차적인 생성 없이 갑자기 생겨나는 형성력이란 없습니다. 행行, 곧 형성력은 발전 과정을 거쳐 생겨납니다."

"또 하나의 비유를 들어 주십시오."

"대왕이여, 가령 거울이 없거나 광선이 없거나 거울 앞의 얼굴이 없다면 모습이 나타나겠습니까?"

"나타나지 않습니다."

"그러한 것들이 다 갖추어진다면 얼굴 모습이 거울에 비치겠습니까?"

"비칩니다."

"대왕이여, 꼭 그와 같습니다. 점차적인 생성 없이 갑자기 생겨나는 형성력은 없습니다. 행行, 곧 형성력은 발전 과정을 거치면서 생겨납니다."

"잘 알겠습니다. 존자여."

6. 식識이 무엇인가

밀린다왕이 나가세나 존자에게 물었다.

"존자여, 식識, 곧 개별적인 자아인 영혼이 있습니까?"

존자가 반문했다.

"대왕이여, 대체 영혼[식識]이 무엇입니까?"

"존자여, 눈[안眼]으로 형상[색色]을 보고, 귀[이耳]로 소리[성聲]를 듣고, 코[비鼻]로 냄새[향香]를 맡고, 혀[설舌]로 맛[미味]을 보고, 몸[신身]으로 촉감[촉觸]을 느끼고, 마음[의意]으로 사물[법法]을 식별하는 등의 작용에 주체가 되는 개별적인 자아가 영혼입니다.

마치 이 궁전에 앉아 있는 우리가 동·서·남·북 어느 창문으로든 밖을 내다볼 수 있는 것처럼, 안에 있는 개별적인 자아는 내다보고 싶은 어느 문(감각기관)을 통해서든 내다볼 수가 있습니다."

"대왕이여, 다섯 가지 문에 관해서 말씀해 드리겠습니다. 만약 안에 있는 개별적인 자아가 대왕이 말씀한 것처럼, 창문을 마음대로 고르듯이 눈으로 형상을 볼 수 있다면, 눈뿐 아니라 귀·코·혀·몸·뜻의 다섯 감각 기관으로도 형상을 볼 수 있지 않겠습니까? 마찬가지로 소리를 듣는 것, 냄새를 맡는 것, 맛을 보는 것, 촉감을 느끼는 것, 사물(法)을 식별하는 것에 있어서도 다섯 가지 감각 기관 중 어느 것에 의해서나 가능하지 않겠습니까? 곧 한 감각 기관만이 아니라 모든 감각 기관들이 보고·듣고·냄새 맡는 등을 함께 할 수 있을 테지요."

"존자여, 그렇게 할 수는 없습니다."

"그렇다면 그대의 말은 앞뒤가 맞지 않습니다. 대왕이여, 여기 딘나(사람 이름)가 밖에 나가 문간에 서 있다고 합시다. 대왕은 딘나가 밖에 나가 문간에서 있다는 것을 알 수 있습니까?"

"그렇습니다. 알 수 있습니다."

"대왕이여, 마찬가지로 맛을 지닌 어떤 것이 혀 위에 놓였을 때 식별하는 개별적인 자아〔個我〕는 그것이 시다든가 짜다든가 쓰다든가 맵다든가 달다는 맛을 알 수 있습니까?"

"알 수 있습니다."

"맛을 지닌 것이 위 속으로 들어갔을 때도 개별적인 자아가 맛을 알 수 있습니까?"

"그렇지 않습니다."

"대왕이여, 그대의 말은 앞뒤가 맞지 않습니다.

가령 어떤 사람이 백 개의 꿀 접시를 꿀통에 쏟은 다음, 입을 틀어막은 사람을 그 꿀통 속에 던져 넣었다면, 그 사람은 단맛이 있는지 없는지를 알 수 있습니까?"

"존자여, 그는 꿀맛을 모릅니다."

"어째서 모릅니까?"

"꿀이 그 사람의 입으로 들어가지 않았기 때문

입니다.”

“대왕이여, 그대의 말은 앞뒤가 맞지 않습니다.”

“존자여, 나는 존자와 대적할 수가 없습니다. 그 도리를 말씀해 주시면 감사하겠습니다.”

나가세나 장로는 아비달마론에 나오는 이론으로 밀린다왕에게 설명하였다.

“대왕이여, 눈과 형상(색[色])에 의하여 눈의 식별작용이 생겨납니다. 그리고 접촉(촉[觸])과 함께 감수(수[受])하고 지각하고 생각하고 판단하고 주의하는 등의 작용들이 생겨납니다.

이와 같이 모든 일들은 연(緣)을 따라 일어나는 것일 뿐, 개별적 자아인 영혼(식[識])이 존재하여 이루어진다고 생각하여서는 안 됩니다.”

7. 안식과 의식이 함께 하는 까닭

밀린다왕이 나가세나 존자에게 물었다.

"눈의 식별작용〔眼識〕이 일어나는 곳에서는 마음의 식별작용〔意識〕도 일어납니까?"

"대왕이여, 그렇습니다. 눈의 식별작용이 일어나는 곳에서는 마음의 식별작용〔意識〕이 일어납니다."

"둘 중 어느 것이 먼저 일어납니까?"

"안식眼識이 먼저 일어나고, 의식意識이 다음에 일어납니다."

"그렇다면 안식이 의식에게 '내가 일어난 곳에 너도 일어나라'고 명령을 하는 것입니까? 아니면 의식이 안식에게 '네가 일어난 곳에 나도 일어나겠다'고 일러주는 것입니까?"

"대왕이여, 그렇지 않습니다. 양자 사이에는 아무런 상의相議가 없습니다."

"그렇다면, 존자여, 안식眼識이 일어나는 곳에

어떻게 하여 의식意識이 일어납니까?"

"경향傾向과 문門과 습관習慣과 습숙習熟 때문입니다."

"그렇다면 먼저, 안식이 일어나는 곳에 의식이 일어나는 것은 '경향傾向 때문'이라는 것을 비유로 들어 주십시오."

"대왕이여, 어떻게 생각합니까? 비가 올 때 물은 어디로 흘러갑니까?"

"지면의 경사를 따라 흐릅니다."

"비가 또 온다면 그 물은 어디로 흘러갑니까?"

"첫 번째 물이 흘러간 것과 같은 곳으로 흘러갑니다."

"어째서 그러합니까? 첫 번째 물이 두 번째 물에게 '내가 흘러가는 곳으로 너도 흘러오라'고 일러 주었습니까?"

"존자여, 그렇지 않습니다. 양자 사이에는 아무런 상의도 없습니다. 각자가 지면의 경사를 따라 흘러갑니다."

"대왕이여, 꼭 그와 같습니다. 안식이 일어나는 곳에 의식이 일어나는 것은 경향성傾向性때문입니다. 안식이 의식에게 '내가 일어난 곳에 너도 일어나라'고 명령하지도 않으며, '네가 일어난 곳에 나도 일어나겠다'고 상의하는 것도 아닙니다. 그들 사이에는 아무런 상의가 없습니다. 그런데도 안식과 의식이 같이 일어나는 것은 경향성 때문입니다."

"안식이 일어나는 곳에 의식이 일어나는 것은 '문門 때문'이라는 것을 비유로 들어 주십시오."

"대왕이여, 가령 어떤 나라에 도성都城이 있고, 성은 망탑望塔과 성벽으로 튼튼하게 쌓여 있으며, 성문은 단 하나만 있다고 합시다. 어떤 사람이 그 도성으로부터 나가려고 하면 어디로 나가겠습니까?"

"그 성문으로 나갑니다."

"또 다른 사람이 그 도성을 떠나려고 한다면 어디로 나가겠습니까?"

"첫 번째 사람과 꼭같은 성문으로 나갑니다."

"어째서 그러합니까? 먼저 사람이 다음 사람에게 '내가 나가는 곳으로 나가라'고 일러 주었습니까? 아니면 다음 사람이 먼저 사람에게 '네가 나가는 곳으로 나도 나간다'고 말했겠습니까?"

"존자여, 그렇지 않습니다. 그들 사이에는 아무런 연락도 없습니다. 단 하나의 성문이 있기 때문에 그들은 그곳으로 나가는 것뿐입니다."

"대왕이여, 안식과 의식의 관계도 꼭 그러합니다."

"안식이 일어나는 곳에 의식이 일어나는 것은 '습관習慣 때문'이라는 것을 비유로 들어 주십시오."

"대왕이여, 한 수레가 앞서갔다면 다음 수레는 어느 길로 가겠습니까?"

"처음 수레와 똑같은 길로 갈 것입니다."

"앞 수레가 뒤 수레에게 '내가 간 길로 가라'고 말했을까요? 아니면 뒤 수레가 앞 수레에게 '네가 간 길로 가겠다'고 말했을까요?"

"존자여, 그렇지 않습니다. 두 수레 사이에는 아무런 통화도 없었지만, 다음 수레가 습관성에 의해 처음 수레를 따라갑니다."

"대왕이여, 안식과 의식의 관계도 꼭 그러합니다."

"안식이 일어나는 곳에 의식도 일어나는 것은 '습숙習熟 때문'이라는 것을 비유로 설명해 주십시오."

"대왕이여, 부호술符號術·인술印術·산술算術·목산目算·습자習字의 기술에 있어, 초보자가 처음에는 서툴지만 일정한 기간이 지나면 세심한 주의와 연습에 의해 습숙習熟(숙달)을 하게 됩니다. 이처럼 습숙에 의하여 안식이 일어나는 곳에 의식도 일어납니다."

  존자는 그 밖에 청각이나 미각이나 후각이나
촉각들의 식별작용이 있는 곳에 마음의 식별작용
〔意識〕이 일어난다는 것을 같은 방법으로 설명하
였다.
  다시 말하면 의식은 어느 경우에나 감각에 이
어 일어나지만, 양자 사이에 교제나 통신이 있어
일어나는 것이 아니라고 설명해 주었다.

  왕은 물었다.
  "존자여, 의식이 있으면 언제든지 감수작용이
생겨납니까?"
  "그렇습니다. 의식이 있으면 접촉〔觸〕과 감수〔受〕
와 표상〔想〕과 생각〔思〕과 성찰省察과 고찰考察 등이
생깁니다."

8. 촉觸의 특징

밀린다왕이 나가세나 존자에게 물었다.

"존자여, 촉觸(접촉)의 특징은 무엇입니까?"

"대왕이여, 맞부딪치는 것입니다."

"비유를 들어 주십시오."

"대왕이여, 두 마리 뿔 돋은 숫양이 싸움을 하는 경우와 같습니다. 눈〔眼〕은 한쪽의 숫양이요, 형상〔色〕은 다른 쪽의 숫양이며, 접촉〔觸〕은 두 양의 맞부딪치는 것입니다."

"다시 한번 비유를 들어 주십시오."

"촉觸은 두 개의 악기를 마주치는 경우와 같습니다. 눈은 한쪽의 악기요, 형상은 다른 한쪽의 악기이며, 접촉은 두 개의 악기가 마주치는 것입니다."

"잘 알겠습니다. 존자여."

9. 수受의 특징

밀린다왕이 나가세나 존자에게 물었다.

"존자여, 수受(감수)의 특징은 무엇입니까?"

"경험하며 고락苦樂을 느끼는 것입니다."

"비유를 들어 주십시오."

"이를테면 어떤 사람이 왕의 정무政務를 맡아 처리하는 경우와 같습니다.

왕은 그 사람이 마음에 들어 정무를 맡겼습니다. 그는 정무를 수행하는 동안 다섯 가지 욕락을 누리고 만족하면서 이렇게 생각합니다.

'왕은 나를 믿고 정무를 맡기셨고, 나는 열심히 정무를 수행하였기 때문에 지금 이러한 욕락의 감수感受를 경험하고 있다'고.

또 어떤 사람이 선업善業을 지어 죽은 후 천계天界에 태어나, 다섯 가지 욕락을 누리고 만족하면서 이렇게 생각합니다.

'나는 전생에 선행을 닦았으므로 지금 이러한

욕락의 감수를 경험하고 있다'고.

대왕이여, 이와 같이 경험하면서 고락을 느끼는
것이 감수의 특징입니다."

"잘 알겠습니다. 존자여."

10. 상想의 특징

밀린다왕이 나가세나 존자에게 물었다.

"존자여, 상想(표상작용)의 특징은 무엇입니까?"

"대왕이여, 인식하는 것[認知인지]입니다. 곧 파랑·
노랑·빨강·백색·갈색 등을 인식함과 같습니
다."

"비유를 들어 주십시오."

"대왕이여, 왕의 재무관이 왕의 보물창고에 들
어가서 청·황·적·백·갈색의 보물을 보고 그것
들을 왕의 재보라고 인식하는 것과 같습니다. 이

와 같이 인식하는 것이 상의 특징입니다."

"잘 알겠습니다. 존자여."

11. 행行의 특징

밀린다왕이 나가세나 존자에게 물었다.

"존자여, 행行(형성작용)의 특징은 무엇입니까?"

"대왕이여, 행은 마음먹음[意思]과 형성력[爲作]을 특징으로 합니다."

"비유를 들어 주십시오."

"대왕이여, 어떤 사람이 독약을 마련하여 자신도 마시고 남에게도 마시게 하면, 자신도 고통을 받고 남도 고통을 받게 됩니다.

마찬가지로 어떤 사람이 '이 세상에서 나쁜 짓[不善業]을 하겠다'고 마음먹고 그렇게 하면, 죽어 지옥에서 괴로움을 받는 불행한 상태로 태어날 것이며, 그의 말을 따른 사람도 그렇게 될 것입니다.

또 어떤 사람이 버터와 기름과 벌꿀과 당밀糖蜜의 혼합물을 만들어 자신도 마시고 남에게도 마시게 하면, 자신도 즐겁고 남도 즐겁게 됩니다.

마찬가지로 어떤 사람이 '이 세상에서 착한 일〔善業〕을 하겠다'고 마음먹고 그렇게 하면, 죽어 천계天界에서 축복받는 행복한 상태로 태어날 것이며, 그의 말을 따른 사람도 그렇게 될 것입니다.

이와 같이 마음먹음과 형성력이 행의 특징입니다."

"잘 알겠습니다. 존자여."

12. 식識의 특징

밀린다왕이 나가세나 존자에게 물었다.

"존자여, 식識(식별작용)의 특징은 무엇입니까?"

"대왕이여, 구별하여 아는 것〔識別식별〕입니다."

"비유를 들어 주십시오."

"대왕이여, 도시 한복판의 네거리에 있는 경비가 사람들이 동·서·남·북 사방의 어디로부터 오는지를 다 볼 수 있는 것과 같습니다.

마찬가지로 사람은 식에 의하여, 눈으로 보는 대상물〔色색〕과 귀로 듣는 소리〔聲성〕와 코로 맡는 냄새〔香향〕와 혀로 맛보는 맛〔味미〕과 몸에 닿는 접촉물〔觸촉〕과 마음으로 인식하는 것〔法·事象법·사상〕들을 알 수 있습니다. 이와 같이 구별하여 알아봄이 식識(식별작용)의 특징입니다."

"잘 알겠습니다. 존자여."

13. 성찰省察의 특징

밀린다왕이 나가세나 존자에게 물었다.
"존자여, 성찰의 특징은 무엇입니까?"
"성찰은 목적을 달성하게 하는 것을 특징으로 합니다."
"비유를 들어 주십시오."
"대왕이여, 목공이 잘 다듬어진 목재를 이음새에 넣어 고정시킴으로써 목적을 달성하는 것과 같습니다. 이와 같이 목적을 달성하게 하는 것이 성찰의 특징입니다."
"잘 알겠습니다. 존자여."

14. 고찰考察의 특징

밀린다왕이 나가세나 존자에게 물었다.

"존자여, 고찰의 특징은 무엇입니까?"

"계속해서 생각을 하는 것입니다."

"비유를 들어 주십시오."

"동라銅鑼(징과 같이 생긴 타악기)를 칠 때, 여운이 계속 생기는 경우와 같습니다. 이때 동라를 치는 것은 성찰이요, 여운은 고찰에 해당합니다. 대왕이여, 이와 같이 계속해서 생각을 하는 것이 고찰의 특징입니다."

"잘 알겠습니다. 존자여."

15. 여러 정신 작용을 구별할 수 있는가

밀린다왕이 나가세나 존자에게 물었다.

"존자여, 혼합되어 있는 이 모든 것〔諸法〕을 하나하나 분리시켜 '이것은 촉觸(접촉)이요, 이것은 수受(감수)요, 이것은 상想(표상)이요, 이것은 행行(의사)요, 이것은 식識(식별)이요, 이것은 성찰이요, 이것은 고찰이다'라는 구별을 명백하게 할 수 있습니까?"

"아닙니다. 따로따로 구별할 수 없습니다."

"비유를 들어 주십시오."

"대왕이여, 궁정의 요리사가 소스를 만든다고 합시다. 그는 굳은 우유와 소금과 생강과 마늘과 후추와 그 밖의 조미료를 넣습니다. 그때 왕은 요리사에게 '이 음식 속에 넣은 굳은 우유 양념만을 맛보여 다오. 소금 양념만을 맛보여 다오, 생강 양념만을 맛보여 다오, 마늘 양념만을 맛보여 다오, 후추 양념만을 맛보여 다오'라고 했다고 합시다.

요리사는 그가 혼합하여 만든 소스를 일일이 분해하여 '이것은 시고, 이것은 짜고, 이것은 맵고, 이것은 떫고, 이것은 답니다'라고 하면서, 양념을 다시 따로따로 분해하여 맛보여 줄 수 있겠습니까?"

"아닙니다. 그것은 불가능합니다. 그렇지만 양념 하나하나의 특징에 대해 이야기할 수는 있습니다."

"대왕이여, 그와 꼭 같습니다. 이 모든 것이 한데 혼합되어 있는 것을 하나하나 떼어 '이것은 촉(접촉)이다, 이것은 수(감수)다, 이것은 상(표상)이다, 이것은 행(의사)이다, 이것은 식(식별)이다, 이것은 성찰이다, 이것은 고찰이다'하면서 구별 지어 말할 수는 없습니다. 그러나 이 모든 것 하나하나의 특징에 대해 논의할 수는 있습니다."

"잘 알겠습니다. 존자여."

존자가 왕에게 물었다.

"대왕이여, 소금을 눈으로 알 수 있습니까?"

"그렇습니다. 존자여."

"대왕이여, 주의해 들으십시오. 눈으로 알 수 있는 것은 소금이 갖고 있는 흰빛에 지나지 않습니다."

"존자여, 그렇다면 혀로 알 수 있습니까?"

"그렇습니다."

"존자여, 모든 종류의 소금은 혀로써만 식별합니까?"

"그렇습니다."

"존자여, 만약 소금을 혀로만 식별할 수 있다면 황소가 왜 소금 전체를 실어 날라야 합니까? 짠맛만을 실어 나를 수는 없겠습니까?"

"대왕이여, 짠맛만을 갈라서 나를 수는 없습니다. 짠맛과 무게라는 두 가지 성질은 소금 속에 하나가 되어 있습니다. 그러나 원래는 영역을 달리하고 있습니다.

대왕이여, 소금을 저울로 달 수 있습니까?"

"그렇습니다. 달 수 있습니다."

"아닙니다. 대왕이여, 소금은 저울로 달 수 없습니다. 무게만을 저울로 달 수 있을 뿐입니다."

"잘 말씀하였습니다. 존자여."

16. 감각의 영역은 여러 업에 의해 생긴다

밀린다왕이 나가세나 존자에게 물었다.

"존자여, 눈〔眼〕·귀〔耳〕·코〔鼻〕·혀〔舌〕·몸〔身〕의 다섯 가지 영역은 각기 다른 여러 가지 업에 의해 생겨나는 것입니까? 아니면 한 가지 업에 의하여 생깁니까?"

"대왕이여, 한 가지 업에 의해 생기는 것이 아니라, 각기 다른 여러 가지 업에 의해서 생깁니다."

"비유를 들어 주십시오."

"대왕이여, 한 뙈기 밭에 다섯 가지 씨앗을 뿌린다면 여러 가지 씨앗에서 각기 다른 여러 가지 열매가 맺어지겠습니까?"

"그렇습니다."

"대왕이여, 마찬가지로 다섯 가지 영역은 각기 다른 여러 가지 업에 의해 생깁니다. 한 가지 업에 의해 생기는 것이 아닙니다."

"잘 알겠습니다. 존자여."

17. 영혼인 명命은 인정 할 수 없다

밀린다왕이 나가세나 존자에게 물었다.

"존자여, 식識(식별 작용)과 혜慧(지혜)와 명命(개개인의 자아 또는 영혼)의 세 가지는 본질[義]과 말[語]이 각기 다른 것입니까? 아니면 본질은 같고 말만이 다른 것입니까?"

"대왕이여, 식識은 분별해서 아는 것을 특징으로 하고, 지혜는 이성으로 식별하여 아는 것을 특징으로 하므로 그 존재를 인정합니다. 그러나 명命(개개인의 자아인 영혼)의 존재는 인정하지 않고 있습니다."

"만약 명命이 없다면, 무엇이 눈으로 형상을 보고, 귀로 소리를 듣고, 코로 냄새를 맡고, 혀로 맛을 보고, 몸으로 촉감을 느끼고, 마음[意]으로 사물[法]을 식별할 수 있습니까?"

"만약 명命(개개의 자아)이 보고 듣고 냄새 맡고 맛보고 감촉하고 식별한다면, 눈의 문이 제거될 때 명은 밖으로 뻗어나가, 더 큰 공간을 통하여 전보다 훨씬 더 똑똑하게 형상을 볼 수 있지 않겠습니까? 또 귀나 코나 혀나 피부가 제거될 때에도 그 전보다 훨씬 더 똑똑하게 소리를 듣고, 냄새를 맡고, 맛을 알고, 감촉을 느낄 수 있지 않겠습니까?"

"존자여, 그렇지 않습니다."

"그렇다면 육신 안에 개개의 자아인 명이 존재한다는 것은 인정될 수 없습니다."

"잘 알겠습니다. 존자여."

18. 모든 것은 마음작용의 흐름이다

나가세나 존자가 밀린다왕에게 말하였다.

"부처님께서는 눈·귀·코 등의 감각기관이 대상에 대하여 작용하는 것은 물질적인 것이 아니라, 마음과 마음의 작용인 현상〔諸法〕의 흐름으로 말씀하셨습니다. 곧 그것을 접촉이요〔觸〕, 감수요

〔受〕, 표상表象이요〔想〕, 의사意思요〔行〕, 마음〔識〕이라고 하셨습니다."

"비유를 들어 주십시오."

"대왕이여, 어떤 사람이 배를 타고 바다로 나가 손바닥으로 바닷물을 떠서 맛본다고 합시다. 그 사람은 '이것은 갠지스강으로부터 흘러내려 온 물이다, 이것은 줌나강 물이다, 이것은 아키라바티강 물이다, 이것은 사라부강 물이다, 이것은 마히강으로부터 흘러 내려온 물이다'라고 구별할 수 있겠습니까?"

"존자여, 구별할 수 없습니다."

"대왕이여, 그보다도 더 어려운 것을 세존께서는 천명하셨습니다. 곧 눈·귀·코 등의 감각기관이 대상에 대하여 작용하는 것은 물질적인 것이 아니라, '마음의 작용인 제법諸法의 흐름이요, 그 흐름은 접촉이요, 감수요, 표상이요, 의사요, 마음이다'라고 하셨습니다."

"잘 알겠습니다. 존자여."

제 6 장
부처님과 열반

1. 부처님은 실재하였는가

밀린다왕이 나가세나 존자에게 물었다.

"존자여, 부처님을 보신 적이 있습니까?"

"없습니다."

"존자의 스승님은 부처님을 보신 적이 있습니까?"

"없습니다."

"존자여, 그렇다면 부처님은 계시는 것이 아니지 않습니까?"

"대왕이여, 그대는 히말라야 설산에 있는 우하강을 보신 일이 있습니까?"

"없습니다."

"그대의 아버지는 그 강을 보신 일이 있습니까?"

"없습니다."

"대왕이여, 그렇다면 우하강은 없는 것입니까?"

"존자여, 그 강은 있습니다. 나도 아버지도 우하강을 본 적이 없습니다만, 그 강은 실제로 있습니다."

"대왕이여, 마찬가지로 나도 스승님도 부처님을 뵌 적은 없습니다. 그러나 부처님은 실제로 계셨습니다."

"잘 알겠습니다. 존자여."

2. 부처님은 가장 뛰어나신 분(無上者)

밀린다왕이 나가세나 존자에게 물었다.

"존자여, 부처님은 가장 위대한 분이십니까?"

"그렇습니다. 세상에서 가장 높으신 스승[無上師]입니다."

"그대는 한 번도 본 일이 없을 텐데 그분이 가장 높다[無上]는 것을 어떻게 압니까?"

"대왕이여, 대해大海를 본 일이 없는 사람들에게, '대해는 광대무변하고 깊이를 헤아릴 수 없다. 그대해로 갠지스강 등 다섯 개의 큰 강물이 흘러들어가지만, 대해는 줄어들거나 넘치는 일이 없다'고 한다면 그들이 알아듣겠습니까?"

"그렇습니다. 압니다."

"대왕이여, 마찬가지로 나는 위대한 불제자들이 완전한 열반涅槃에 도달하는 것을 보고, 부처님이 세상에서 가장 높으신 분이라는 것을 압니다."

"잘 알겠습니다. 존자여."

밀린다왕이 또다시 물었다.
"존자여, 불제자가 아닌 사람들도 부처님이 이

세상에서 가장 높으신 분이라는 것을 알 수 있습니까?"

"그렇습니다. 보통 사람들도 알 수가 있습니다."

"어떻게 보통 사람들도 부처님이 가장 높으신 분임을 알 수가 있습니까?"

"대왕이여, 옛날 팃사 장로長老라는 서예가書藝家가 있었습니다. 그분이 죽은 뒤 많은 세월이 지났는데, 사람들은 어떻게 그 서예가가 있었다는 것을 알 수 있습니까?"

"존자여, 그분이 남긴 서예 작품에 의하여 알 수 있습니다."

"대왕이여, 그와 마찬가지로 사람들은 부처님께서 설하신 법法을 접하고, 부처님이 가장 높으신 분이라는 것을 압니다. 왜냐하면 부처님께서 가장 높은 법法을 설하셨기 때문입니다."

"잘 알겠습니다. 존자여."

3. 부처님의 삼십이대인상에 관하여

밀린다왕이 나가세나 존자에게 물었다.

"존자여, 부처님은 위대한 인물들만이 지니는 서른두 가지 신체상의 특징인 삼십이대인상三十二大人相과, 여든 가지 부수적인 특징인 팔십종호八十種好를 갖추셨고, 금빛 피부로부터 몸 주위 약 2m거리까지 방광放光을 하셨다는데 사실입니까?"

"대왕이여, 세존께서는 그러하셨습니다."

"그분의 부모도 그러하셨습니까?"

"아닙니다. 그렇지 않았습니다."

"부처님은 부모를 닮아 태어나셨을 것이 아닙니까? 자식은 부모 중의 어느 한쪽과 같거나 비슷하거나 하지 않습니까?"

장로는 대답했다.

"대왕이여, 잎이 백 개나 되는 연꽃이 있습니까?"

"있습니다."

"연꽃은 어디에서 성장합니까?"

"진흙 속에서 생겨나 물속에서 성장합니다."

"그렇다면 그 연꽃의 색깔이나 향기나 맛이 연못의 진흙을 닮습니까?"

"그렇지 않습니다."

"그렇다면 색깔이나 향기나 맛이 물을 닮습니까?"

"그렇지도 않습니다."

"대왕이여, 마찬가지로 부처님의 부모는 위대한 인물들만이 지니는 서른두 가지 신체상의 특징인 삼십이대인상과 여든 가지 부수적인 특징인 팔십종호를 갖추지 않았으며, 피부가 금빛도 아니요, 몸 주위의 2m거리까지 방광을 하지도 않았습니다. 그러나 부처님은 그대가 말한 대로 여러 가지 특징을 갖추고 태어나셨습니다."

"잘 알겠습니다. 존자여."

4. 부처님은 최고의 지혜를 가진 분

밀린다왕이 나가세나 존자에게 물었다.

"존자여, 부처님은 청정한 수행자였습니까?"

"그렇습니다. 청정한 수행자였습니다."

"존자여, 그렇다면 부처님은 청정한 범천梵天의 제자였습니까?"

나가세나 존자가 반문하였다.

"대왕은 훌륭한 코끼리를 가지고 계십니까?"

"그렇습니다."

"그 코끼리가 이따금 학의 소리를 냅니까?"

"냅니다."

"그렇다면 그 코끼리는 학의 제자입니까?"

"그렇지 않습니다."

"대왕이여, 범천이 지혜를 갖고 있겠습니까? 지혜를 갖고 있지 않겠습니까?"

"지혜를 갖고 있습니다."

"대왕이여, 그렇다면 범천이 바로 위대한 스승

이신 부처님의 제자가 아니겠습니까?"

"잘 알겠습니다. 존자여."

5. 부처님은 최고의 계행戒行을 갖춘 분

밀린다왕이 나가세나 존자에게 물었다.

"존자여, 비구들이 받아 지니는 원만하게 갖추어진 구족계具足戒는 훌륭한 것입니까?"

"그렇습니다. 참으로 훌륭한 것입니다."

"부처님은 이 구족계를 받았습니까? 받지 않았습니까?"

"대왕이여, 부처님께서는 보리수 아래에서 모든 것을 아는 지혜인 일체지지一切知智를 얻음과 동시에 구족계를 저절로 수용하셨습니다. 그러므로 부처님께서는 불제자들이 생활하는 동안에 범해서는 안 될 계율들을 제정해 주셨습니다."

"잘 알겠습니다. 존자여."

6. 부처님 가르침의 실천적 성격에 관하여

밀린다왕이 나가세나 존자에게 물었다.

"존자여, 부처님은 모든 것을 아는 분, 모든 것을 꿰뚫어 보는 분이셨습니까?"

"그렇습니다. 부처님은 모든 것을 아실 뿐 아니라 모든 것을 꿰뚫어 보는 분이셨습니다."

"그렇다면 부처님은 어째서 제자들을 위한 승단의 계율을 한꺼번에 제정하지 않으시고, 기회 있을 때마다 하나씩 하나씩 제정하셨습니까?"

"대왕이여, 이 지구상에 의약을 통달한 의사가 있을까요?"

"그렇습니다. 아마 있을 것입니다."

"대왕이여, 그 의사는 사람들이 병이 든 다음에

약을 먹입니까? 아니면 병들기 전부터 약을 먹입
니까?"

"존자여, 병든 다음에 약을 먹입니다."

"대왕이여, 마찬가지로 모든 것을 알고 꿰뚫어
보는 부처님께서는 적절한 때가 아니면 어떠한
계율도 제정하지 않았습니다. 생활을 하다가 필
요성이 생겼을 때, 제자들이 범하여서는 안 될 계
율들을 하나씩 마련해 주셨습니다."

"잘 알겠습니다. 존자여."

7. 열반하신 부처님은 어디에 계시는가

밀린다왕이 나가세나 존자에게 물었다.

"존자여, 부처님께서는 실재하신 분이라고 하
셨지요?"

"그렇습니다. 실재하신 분입니다."

"존자여, 그렇다면 여기 계신다, 저기 계신다고 하면서 보여줄 수 있습니까?"

"대왕이여, 부처님께서는 번뇌를 소멸하고, 육체를 떠나 완전한 열반〔無餘依涅槃〕인 반열반般涅槃에 드셨습니다. 그러므로 부처님은 여기 계신다, 저기 계신다고 하면서 보여줄 수 없습니다."

"비유를 들어 주십시오."

"대왕이여, 타고 있던 큰불이 꺼져 그 불꽃이 사라졌을 때 '불꽃이 여기에 있다, 저기에 있다'고 하면서 보여줄 수 있습니까?"

"아닙니다. 존자여, 불이 꺼졌으면 불꽃을 보여줄 수 없습니다."

"대왕이여, 마찬가지로 부처님께서는 번뇌의 불을 멸하셨고, 남은 육체마저 떠나서 완전한 열반에 드셨습니다. 이미 가버린 부처님을 여기 계신다, 저기에 계신다고 하면서 보여줄 수는 없습니다.

그러나 진리를 몸으로 삼고 있는 몸인 법신法身

에 의해 부처님을 보여줄 수는 있습니다. 왜냐하면 진리인 법法이 부처님에 의해 가르쳐졌기 때문입니다."

"잘 알겠습니다. 존자여."

8. 열반涅槃은 지멸止滅인가

밀린다왕이 나가세나 존자에게 물었다.

"이상의 경지인 열반이란 소멸되어 없어진 것입니까?"

"그렇습니다. 대왕이여."

"어찌하여 열반이 소멸되어 없어진 것입니까?"

"대왕이여, 모든 어리석은 사람들은 안팎의 여섯 가지 영역(감각기관인 육근과 감각의 대상인 육경)을 즐겨하고 반겨하고 집착합니다. 그래서 그들은 욕정의 흐름에 이끌려, 태어나고 늙고 죽고, 근심·슬픔·고통·절망 등으로부터 벗어나지 못합니다. 곧 괴로움〔苦〕으로부터 해탈解脫하지 못하는 것입니다.

그러나 슬기로운 사람들은 안팎의 여섯 가지 영역인 육근과 육경을 즐겨하지 않고, 거기에 집착하지도 않습니다. 거기에 집착을 하지 않기 때문에 애착이 사라지고, 애착이 없으므로 취함〔取〕이 사라지고, 취함이 사라지므로 존재〔有〕의 생겨남이 없어지고, 존재의 생겨남이 없어지므로 태어남〔生〕이 없어지고, 태어남이 없으므로 늙음과 죽음과 근심·슬픔·고통·절망이 없어집니다. 이리하여 모든 괴로움의 덩어리가 사라지게 됩니다. 이와 같기 때문에 열반을 '사라져서 없어지는 것'이라고 합니다."

"잘 알겠습니다. 존자여."

9. 누구나 열반을 얻는가

밀린다왕이 나가세나 존자에게 물었다.

"존자여, 모든 사람이 열반을 얻습니까?"

"대왕이여, 누구나 열반을 얻는 것은 아닙니다. 그러나 바른길을 걷고, 알아야 할 법을 잘 익히고, 알아야 할 법을 완전하게 알고, 끊어야 할 법을 잘 끊고, 닦아야 할 법을 잘 닦고, 실현해야 할 법을 잘 실현하는 사람은 누구나 열반을 얻습니다."

"잘 알겠습니다. 존자여."

10. 열반이 즐겁다는 것을 어떻게 아는가

밀린다왕이 나가세나 존자에게 물었다.

"존자여, 아직 열반을 얻지 못한 사람도 열반이

얼마나 안락한 상태인지를 알 수 있습니까?"

"그렇습니다. 알다 뿐입니까?"

"아직 열반을 얻지도 않았는데 어떻게 그것을 알 수 있습니까?"

"대왕이여, 손발을 잘린 적이 없는 사람이 손발을 잘린 것이 얼마나 슬픈 일인지를 알 수 있습니까?"

"그렇습니다. 알 수 있습니다."

"어떻게 그것을 압니까?"

"손발을 잘린 사람이 비통해하는 소리를 듣고 슬픈 일인 줄 압니다."

"마찬가지로 아직 열반을 얻지 못한 사람도 열반을 체득한 사람의 즐거워하는 말을 듣고 열반이 얼마나 안락한 상태인지를 알 수 있습니다."

"잘 알겠습니다. 존자여."

11. 해탈한 사람도 육체적 고통을 느끼는가

밀린다왕이 나가세나 존자에게 물었다.

"존자여, 해탈한 사람도 괴로움을 느끼고 받습니까?"

"어떤 괴로움은 느끼고, 어떤 괴로움은 느끼지 않습니다."

"어떤 괴로움을 느끼고, 어떤 괴로움을 느끼지 않습니까?"

"대왕이여, 해탈한 사람도 육체적인 괴로움은 느끼지만 정신적인 괴로움은 느끼지 않습니다."

"어찌하여 그러합니까?"

"대왕이여, 육체적인 괴로움은 그 인因과 연緣이 계속되고 있기 때문에 느끼지만, 정신적인 괴로움은 그 인과 연이 끝났기 때문에 느끼지 않습니다. 세존께서는 말씀하셨습니다."

한 가지 괴로움

곧 육체적인 괴로움만 느낄 뿐
정신적인 괴로움은 느끼지 않는다

"존자여, 그렇다면 육체적인 괴로움을 아직 느끼는 해탈한 사람들은 왜 완전히 평화로운 경지인 반열반般涅槃에 들어가지 않는 것입니까?"
"대왕이여, 번뇌를 해탈한 아라한에게는 사랑하고 좋아하거나 싫어하고 미워하는 일이 없습니다. 그는 아직 무르익지 않은 과일인 몸을 흔들어 떨어뜨리지 않고 익기를 기다릴 뿐입니다.
이에 대해 사리불舍利弗장로는 노래했습니다."

나는 죽음을 좋아하지도 않고
삶을 좋아하지도 않는다
품팔이가 품삯을 기다리는 것처럼
나는 다가올 때를 기다릴 뿐이다
나는 죽음을 반기지도 않고
삶을 반기지도 않는다

바로 알고〔正知〕 바로 생각하면서〔正念〕

다가올 때를 기다릴 뿐이다

"잘 알겠습니다. 존자여."

대론對論을 끝내며

나가세나 장로가 밀린다왕에게 물었다.

"대왕이여, 지금 몇 시인지 아십니까?"

"알고 있습니다. 지금은 초저녁이 지나고 밤중으로 접어들었습니다. 등불용 횃불이 켜져 있습니다. 네 개의 기가 세워지고, 그대를 위한 선물이 창고로부터 운반되고 있습니다."

그때 요나카인들이 왕에게 말했다.

"대왕이여, 참으로 이 수도승은 현자입니다."

"정말 그렇다. 장로는 현자이다. 이분과 같이 훌륭한 스승이 있고 나와 같은 제자가 있다면, 현자의 진리를 깨우치는 데 많은 시간이 걸리지 않을 것이다."

장로의 해답에 만족한 왕은 나가세나 장로에게 10만 금의 값어치가 있는 모직 옷을 선사한 뒤 말하였다.

"나가세나 존자여, 오늘 이후 8백일 동안 나는 그대에게 식사 공양을 베풀겠습니다. 궁정에 있는 것 중에서 그대에게 알맞은 것이면 무엇이든 바치겠습니다."

"대왕이여, 그만두십시오. 나는 생활할 수 있습니다."

"존자여, 그대가 생활할 수 있다는 것을 나는 잘 알고 있습니다. 그러나 그대 자신을 옹호하고, 또 나를 옹호해 주십시오.

곧 '나가세나 존자는 밀린다왕에게 청정한 신행을 불러일으켰지만, 아무것도 얻지 못했다'는 세상의 평가가 닥쳐올 것입니다. 그러니 이러한 선물을 받으셔서 그대 자신을 옹호하십시오.

또 '밀린다왕은 청정한 신행을 얻었지만, 그러한 신행을 얻었다는 표시를 하지 않았다'는 세상의 평가가 빗발칠 것입니다. 그러니 이러한 선물을 받으셔서 나를 옹호해 주십시오."

"그렇다면 그렇게 하십시오."

"존자여, 사자왕은 황금 우리 속에 들어가더라도 '빠져나가겠다'는 생각으로 얼굴을 밖으로 향하게 합니다. 마찬가지로 나는 재가在家에서 생활을 할지라도 출가인의 생각을 품고 얼굴을 밖으로 향하게 하겠습니다.

물론 내가 집을 버리고 출가를 하게 되면 나의 출가 생활은 오래가지 못할 것입니다. 왜냐하면, 출가를 막으려는 나의 적이 많기 때문입니다."

그때, 나가세나 존자는 밀린다왕과의 문답을 마치고 자리에서 일어나 승방으로 돌아갔고, 존자가 돌아간 뒤 얼마 되지 않았을 때 밀린다왕은 생각하였다.

'나는 무엇을 물었던가? 존자는 무엇을 대답했던가?'

그리고 왕은 결론지었다.

'나는 모든 것을 똑바로 질문했고, 그는 정확

하게 대답하였다'고.

나가세나 존자는 다음 날 아침, 옷을 입고 바루와 가사를 들고 밀린다왕의 궁정으로 갔다. 존자가 자리에 앉자 밀린다왕은 인사를 드리고 앉아 이렇게 말하였다.

"존자여, 아무쪼록 이상하게 생각하지 마십시오. '내가 나가세나에게 질문했다는 즐거움 때문에 밤새도록 잠을 이루지 못했다'는 사실을.

존자여, 나는 밤새도록 생각에 잠겨 있었습니다. 다시 말하면 '나는 무엇을 질문하였으며, 존자는 무엇을 바르게 대답하였는가'를. 그리고 '나는 모든 것을 똑바로 질문했고, 존자는 모든 것을 바르게 대답했다'는 것을."

나가세나 존자는 이렇게 말하였다.

"대왕이여, 아무쪼록 이상하게 생각하지 마십시오. '내가 밀린다왕의 질문에 대답했다는 즐거움 때문에 뜬눈으로 밤을 새웠다'는 사실을.

대왕이여, 나는 밤새도록 생각에 잠겨 있었습니다. '밀린다왕은 무슨 질문을 하였으며, 나는 무슨 해답을 주었던가'를. 또 '밀린다왕은 모든 것을 바르게 질문했고, 나는 모든 것을 바르게 대답했다'는 것을."

이렇게 두 현자는 서로가 올바르게 대화한 것을 만족스럽게 여기고 기뻐하였다.

〈밀린다왕문경 끝〉

번역을 마치고 나서

『밀린다왕문경』은 지금부터 약 2,200년 전인 서력기
원전 150년경, 서북 인도를 지배한 그리스 왕인 밀린다
(미린다·미란다·메난드로스 등 여러 가지로 칭하고 있음)와 불
교 경전에 정통한 비구승 나가세나[那先] 사이에 오고
간 대론서입니다. 그래서 팔리어巴利語 성전聖典 속에 있
는 이 경전의 한역본漢譯本 이름은 『나선비구경那先比丘
經』으로 되어 있습니다.

이 경전은 당시 동서 사회의 가치관이나 종교관을 비
교 연구하는 데 결코 빠뜨릴 수 없는 자료적 가치를 지
니고 있습니다.

특히 그리스인인 밀린다가 인도를 정복한 왕으로서
가 아니라, 당시 유럽을 석권한 그리스 지성인을 대표
하는 입장에 있었다는 것과, 동과 서의 지혜가 역사상
처음으로 교류하였다는 점에서 그 가치가 더욱 높이
평가되고 있습니다.

『밀린다왕문경』은 다른 불교 경전과는 성격이 크게

다릅니다.

곧 불교를 일반인이 이해하기는 쉽지가 않습니다. 그럼에도 불구하고 사람들은 불교를 알고 싶어 하고, 불교의 본질을 파악하고 싶어 합니다. 하지만 여러 가지 점에서 보통 사람들의 생활과 동떨어져 있는 출가 승려들은 일반인들이 불교를 쉽게 이해할 수 있도록 충분한 설명을 해 주지 않고 있습니다.

서기전 2세기 후반의 밀린다왕 시대에도 다를 바가 없었습니다. 특히 불교를 전혀 몰랐고 인도 문화권과는 완전히 달랐던 그리스인 통치자로서는 너무나 답답하였습니다. 그리하여 불교 승려를 향해 예리한 질문을 되풀이하면서, 불교를 이해하기 위해 매우 애를 쓰고 있습니다.

이 때문인지 『밀린다왕문경』을 읽어 가면 질문의 하나하나가 조금도 낡았다는 느낌이 없습니다. 지금 우리가 질문하여 의문을 풀고 싶어 하는 문제들이 그리스인 왕에 의해 던져지고 있기 때문입니다.

또한 나가세나 장로의 해답도 우리들의 심금을 울리고 있습니다. 유식한 승려가 풍부하고 구체적인 사례를 들어 알기 어려운 불교 교리를 아주 쉽게 알려주려고 애를 쓰는 자세는 무척이나 호감이 갑니다.

이 경전 속에는 당시 불교 교단 안에서 여러 가지로 해석되고 있던 중요한 교리인 심리론心理論·선악업보론 善惡業報論·윤회론輪廻論·해탈론解脫論·열반론涅槃論·수 도론修道論·불신론佛身論 등이 모두 언급되어 있습니다. 따라서 이 성전을 통하여 서력기원 전후의 불교 교리 해석을 알 수가 있습니다.

그런데 다른 불교 논서들에는 심리론·수도론 등의 교리가 아주 난해하게 풀이되어 있어 초보자가 쉽게 이 해할 수 없을 정도로 복잡한 데 반해, 이 성전에서는 날카로운 질문과 간명한 해답으로 아주 선명하게 문제 점들을 밝혀 주고 있습니다.

따라서 밀린다왕과 나가세나 장로의 대화를 담은 이 성전이 오늘날에 이르기까지 불교를 이해하는 지름길 이 되고 있는 것입니다.

현재 전해지고 있는 『밀린다왕문경』은 제1편 서장序 章, 제2편 대론對論, 제3편 논란論亂, 제4편 동식물의 이 름과 자연현상 등에 대한 문답으로 구성되어 있으며, 그 양이 꽤 방대합니다. 이 책 분량의 4배가량이나 됩니 다.

그런데 이들 모두는 한꺼번에 편찬된 것이 아닙니다.

시대를 더하면서 차츰 살을 붙이고 관심사를 더하여 양을 늘려놓은 것입니다.

실제로 『밀린다왕문경』의 초기 형태는 제1편과 제2편 속에 다 들어 있고, 문장 또한 깔끔합니다. 반면 후대에 첨가한 제3편과 제4편은 내용이 아주 복잡하게 전개되고 있어, 자칫하면 머리를 더 어지럽게 만들 수도 있으며, 일반인들이 굳이 알아야 할 부분도 아닙니다.

그래서 이번 번역에서는 제1편 서장과 제2편 대론을 중심으로 엮었습니다. 그런데 이 대론도 같은 주제를 같은 장章 안에 모두 담고 있는 것이 아니라, 여기저기에 흩어져 있습니다.

'윤회'를 예로 들면 내용이 2장·5장·6장·7장에 흩어져 있고, '지혜와 선법'에 대해서는 2장과 4장·6장·7장 등에 흩어져 있습니다. 하여, 서로 중복이 되거나 맥락이 끊어지는 경우가 종종 있었습니다.

이에 많은 노력 끝에 각 질문과 답을 주제별로 새롭게 배열하여 읽는 분들이 분명하게 이해할 수 있도록 하였습니다. 그리고 '제2편 대론' 속에 있기는 하지만, 그다지 필요하지도 않고 독자들을 혼돈케 하는 몇 가지 문답은 여기에 싣지 않았습니다.

저의 편의가 아니라 읽는 분들을 헤아려 이렇게 한 것

이니 큰 아량으로 용납해 주시옵고, 원전의 자세한 내용을 알고 싶은 분은 시중에 나와 있는 이 경전의 여러 판본을 이용해주시기 바랍니다.

또한 이 경전을 발간함에 있어서는 저의 은사이신 동국대학교 서경수(1925~1986) 교수께서 1978년에 발간한 『미린다 팡하』를 크게 참조하였다는 것을 밝혀 둡니다.

오늘날의 우리는 밀린다왕의 진지한 질문 태도와 함께, 질문자가 이해할 수 있는 해답을 고안하기 위해 매우 고심하는 나가세나 장로의 깊이 있는 답변 태도를 배울 필요가 있습니다.

질문이 있어도 묻는 것을 주저하는 이들과, 사람들로 질문을 받고도 고심할 줄 모르는 이들. 아니, 고심은커녕 빠져나갈 길만을 생각하고, "그런 것은 경전에 없다."는 식으로 피해 버리기까지 하는 이들이 많습니다.

하지만 불교를 잘 알지 못하는 이들의 소박한 질문에는 근본적인 문제가 포함되어 있습니다. 그러므로 불자들은 상대방의 질문을 자기 자신의 문제로 받아들여 해답을 찾고 답을 해주는 나가세나 존자와 같은 태도를 꼭 가져야 합니다.

선인이 남긴 문헌에만 의지할 뿐, 자기 자신의 해답을 얻으려고 하지 않는 태도에서 벗어나, 이 시대의 문제에 대한 현실적인 해답을 항상 찾아야 합니다.

그리하여 현재의 문제와 해답들이 제대로 모여지게 되면 새로운 불교 문헌이 되어 새로운 불교의 시대를 펼칠 수 있지 않겠습니까?

부디 깔끔한 질문과 명쾌한 해답이 가득한 이 경전을 통하여 읽는 분들 모두가 향상의 길로 나아가시기를 두 손 모아 축원 드리고, 이 경전을 낸 공덕을 서경수 선생님을 비롯한 유주무주 영가의 극락왕생에 회향하옵니다.

2020년 12월 10일
경주 남산 기슭에서
김현준 합장

많이 찾는 기도 독송용 경전

한글 『법화경』과 『법화경 한글사경』

불교 최고 경전인 법화경! 이 경을 독송하고 사경해 보십시오.
소원성취는 물론 깨달음과 경제적인 풍요까지 안겨줍니다.

법화경 (독송용) 김현준 역   4x6배판   총 20,000원
전3책 제1·2책 176쪽 6,500원 제3책 192쪽 7,000원

법화경 한글사경 김현준 역   4x6배판   총 20,000원
전5책 각권 120쪽 내외 권당 4,000원

자비도량참법 / 김현준 역   양장본 528쪽 20,000원

불교 최고의 참회법인 자비도량참법!
참되이 참회하시기를 원하십니까? 자비도량참법 기도를 하면 나의 허물과 죄업의
참회에서 시작하여 부모 스승 친척 등 육도 속을 윤회하는 온 법계 중생의 업장
과 무명까지 모두 소멸시켜줍니다. 이 참법을 행하다 보면 저절로 참회의 마음이
깊어지고 자비가 충만해지고 환희심이 넘쳐나게 됩니다.

큰활자본 지장경   김현준 편역 4×6배판 208쪽 7,000원
지장보살본원경   김현준 편역 신국판 208쪽 6,000원

이 책은 지장기도를 하는 분들을 위해
① 지장경을 처음부터 끝까지 1번 독송, ② '나무지장보살'을 천번염송,
③ 지장보살예찬문을 외우며 158배,   ④ '지장보살'천번 염송의
4부로 나누어 특별히 만들었습니다.
지장경 독경 및 지장보살예찬과 염불을 할 때, 각 장 앞에 제시된 기도법에 따라
기도를 하게 되면, 지장보살의 가피 속에서 틀림없이 영가천도·업장소멸·소원
성취·향상된 삶을 이룩할 수 있게 됩니다.
이 두 책의 내용은 같으며, 활자 및 책크기만 다릅니다.

한글 승만경   김현준 역 4×6배판 144쪽 5,000원

부처님과 승만부인이 설한 보배로운 경전!
이 승만경에는 여인의 성불 수기와 함께 승만부인의 서원, 정법을 나의 것
으로 만드는 법, 중생에게 희망과 자비심을 불러 모으게 하는 여래장 사상,
번뇌·법신·일승·사성제·자성청정심에 대해 쉽고도 분명하게 밝혀 불자의
삶과 수행을 바른길로 이끌어주고 있습니다.

● 아름다운 우리말 경전 시리즈 ●

〈가지고 다니면서 틈틈이 읽게 되면 독송과 기도에 큰 도움이 됩니다〉

유교경 (신간) / 일타스님·김현준 역 　　　　　　　국반판 100쪽 2,000원
부처님의 간절한 마지막 가르침을 담은 매우 소중한 경전.

금강경 / 우룡스님 역 　　　　　　　　　　　국반판 100쪽 2,000원
'금강경을 우리말로 보급하겠다'는 원력에 의해 제작된 책.

관음경 / 우룡스님 역 　　　　　　　　　　　국반판 100쪽 2,000원
관음경의 번역과 함께 관음기도와 염불법에 대해 자세히 설한 책.

보현행원품 / 김현준 편역 　　　　　　　　　국반판 100쪽 2,000원
보현보살의 십대원을 설하여 참된 보살의 길로 이끌어주는 책.

약사경 / 김현준 편역 　　　　　　　　　　　국반판 100쪽 2,000원
한글 번역과 함께 약사기도법과 약사염불법에 대해 자세히 설한 있는 책.

지장경 / 김현준 편역 　　　　　　　　　　　국반판 196쪽 3,500원
편안한 번역으로 쉽게 이해할 수 있도록 하였으며, 기도법도 자세히 수록한 책.

부모은중경 / 김현준 역 　　　　　　　　　　국반판 100쪽 2,000원
부모님의 은혜를 느끼며 기도를 할 수 있게 엮은 책.

초발심자경문 / 일타스님 역 　　　　　　　　국반판 100쪽 2,000원
신심을 굳건히 하고 수행에 대한 마음을 불러일으키게끔 하는 책.

법요집 / 불교신행연구원 편 　　　　　　　　국반판 100쪽 2,000원
법회와 수행 시에 필요한 각종 의식문, 좋은 몇 편의 글들을 수록한 책.

선가귀감 / 서산대사 저·용담스님 역 　　　　국반판 160쪽 3,000원
선수행 뿐 아니라 참회 염불 육바라밀 등 불교의 요긴한 가르침을 담은 책.

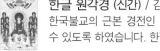

한글 원각경 (신간) / 김현준 편역 　　　　4×6배판 192쪽 7,000원
한국불교의 근본 경전인 원각경을 수십 차례 번역·수정·윤문하여 쉽게 이해할 수 있도록 하였습니다. 한글과 원문을 바로 옆에 두어 대조하며 읽을 수 있습니다.

한글 보현행원품 / 김현준 편역 　　　　　4×6배판 112쪽 4,000원
행원품과 예불대참회문을 함께 실어 독경 후 행원품에 근거한 정통 108배를 행할 수 있도록 만들었으며, 독송 방법과 대참회의 의미 등도 상세히 설명하였습니다.

한글 금강경 / 우룡스님 역 　　　　　　　4×6배판 112쪽 4,000원
책 크기만큼 글씨도 크게 하고 한자 원문도 수록하였으며, 독송에 관한 법문도 첨부하였습니다. 사찰 및 가정에서의 독송용으로 매우 좋습니다.

한글 약사경 / 김현준 편역 　　　　　　　4×6배판 100쪽 3,500원
아주 큰 활자로 약사경 한글 번역본을 만들었습니다. 약사경 독경 방법 및 약사염불법도 함께 실어 기도에 도움이 되도록 하였습니다.

한글 관음경 / 우룡스님 역 　　　　　　　4×6배판 96쪽 3,500원
커다란 글씨의 관음경 해설과 함께 관음경의 원문과 독송법, 관음 염불 방법 등을 수록하여 관음경의 가르침을 쉽게 이해하도록 하였습니다.

알기 쉬운 경전 해설서

❀

생활 속의 천수경 (개정판) / 김현준   신국판 240쪽 7,000원
천수관음이 출현하신 까닭, 천수관음을 청하는 법과 가피를 얻는 법, 신묘장구대다라니의 풀이와 공덕, 찬탄의 공덕과 참회성취의 비결, 준제기도 및 주요 진언 속에 깃든 의미, 여래십대발원문 사홍서원 삼귀의 의미 등을 상세히 풀이하였습니다.

생활 속의 금강경 / 우룡스님   신국판 304쪽 8,000원
금강경의 심오한 내용을 알기 쉽게 풀이하고 일상생활과 접목시켜 강설함으로써 삶의 현장에서 금강경의 가르침을 능히 응용할 수 있도록 하였고, 감동을 주는 일화들을 많이 삽입하여 재미를 더해주고 있습니다.

생활 속의 관음경 / 우룡스님   신국판 240쪽 7,000원
관세음보살보문품인 관음경을 통하여 관세음보살의 본질, 일심칭명과 재난 소멸법, 공경예배와 소원 성취법, 관세음보살을 관하는 법 등에 대해 여러 가지 영험담과 함께 감동적으로 풀이하고 있습니다.

생활 속의 반야심경 / 김현준   신국판 272쪽 8,000원
반야심경의 구절구절들을 우리의 생활과 결부시켜 참으로 쉽고 명쾌하게 해석하였습니다. 공空의 의미, 모든 괴로움의 원인과 해탈법, 색즉시공 공즉시색의 참 뜻, 걸림 없고 진실불허한 삶을 이루는 방법 등을 감동적으로 풀이하였습니다.

예불문, 그 속에 깃든 의미 (신간) / 김현준 지음   256쪽 7,000원
많은 불자들이 궁금해 하였던 오분향의 의미와 지심귀명례하는 방법, 불법승 삼보의 내용과 문수·보현·관음·지장보살, 십대제자·16나한·5백나한·천이백아라한·역대조사, 그리고 사부대중의 화합 등을 이 책 속에 모두 담았습니다.

생활 속의 보왕삼매론 (전면개정판) / 김현준 신국판 240쪽 7,000원
『보왕삼매론』을 해설한 이 책은 병고 해탈, 고난 퇴치, 마음공부와 마장 극복, 일의 성취, 참사랑의 원리, 인연 다스리기, 공덕 쌓는 법, 이익과 부귀, 억울함의 승화 등 누구나 인생살이에서 겪게 되는 장애들을 속 시원하게 뚫어주고 있습니다.

보왕삼매론 사경 (1책으로 50번 사경)   4×6배판 120쪽 4,000원
보왕삼매론을 사경하면 재앙이 소멸됨은 물론이요 생활 속의 걸림돌이 디딤돌로 바뀌고 고난이 사라져 하루하루가 편안해집니다.

보현행원품 한글사경 (1책으로 3번 사경)   120쪽 4,000원
행원품을 사경하면 자리이타의 삶과 업장 참회, 신통·지혜·복덕·자비 등을 빨리 이룰 수 있고 세세생생 불법과 함께하며 보살도를 성취할 수 있습니다.

약사경 한글사경 (1책으로 3번 사경)   112쪽 4,000원
약사경을 사경하면 약사여래의 가피가 저절로 찾아들어, 병환의 쾌차, 집안 평안, 업장소멸을 비롯한 갖가지 소원을 쉽게 성취할 수 있습니다.

영험 크고 성취 빠른 각종 사경집 (책 크기 4×6배판)

광명진언 사경 (가로쓰기:1080번 사경)   128쪽 4,000원
광명진언 사경 (세로쓰기:1080번 사경)   128쪽 4,000원
눈으로 보고 입으로 외우고 손으로 쓰고 마음으로 새기는 광명진언 사경은 크나
큰 성취를 안겨줍니다.

금강경 한글사경 (1책으로 3번 사경)   144쪽 5,000원
금강경 한문사경 (1책으로 3번 사경)   144쪽 5,000원
금강경 한문한글사경 (1책으로 1번 사경)   100쪽 3,500원
요긴하고 으뜸된 경전인 금강경을 사경해 보십시오. 업장소멸과 함께 크나큰 깨
달음과 좋은 일들이 저절로 다가옵니다.

아미타경 한글사경 (1책으로 7번 사경)   116쪽 4,000원
살아 생전 또는 부모나 가까운 분이 돌아가셨을 때 이 경을 쓰면 극락왕생이
참으로 가까워집니다.

반야심경 한글사경 (1책으로 50번 사경)   116쪽 4,000원
반야심경 한문사경 (1책으로 50번 사경)   116쪽 4,000원
반야심경을 사경하면 호법신장이 '나'를 지켜주고, 공의 도리를 깨달아 평화롭
고 안정된 삶이 함께 합니다.

신묘장구대다라니 사경 (50번 사경)   116쪽 4,000원
대다라니를 사경하면 관세음보살님과 호법신장들이 '나'와 주위를 지켜주고 소
원성취와 동시에, 행복하고 자비심 가득한 마음을 가질 수 있도록 해줍니다.

천수경 한글사경 (1책으로 7번 사경)   112쪽 4,000원
천수경을 사경하고 독송하면 천수관음의 가피가 저절로 찾아들어, 업장 및 고
난의 소멸과 갖가지 소원을 쉽게 성취할 수 있습니다.

관음경 한글사경 (1책으로 5번 사경)   112쪽 4,000원
관음경을 사경하면 늘 행복이 함께하며, 학업성취·건강쾌유·자녀의 성공·경제
문제 등에도 영험이 매우 큽니다.

지장경 한글사경 (1책으로 1번 사경)   144쪽 5,000원
지장경을 사경하고 독송하면 영가천도는 물론이요, 각종 장애가 저절로 사라지
고 심중의 소원이 성취됩니다.

관세음보살 명호사경 (1책으로 1만8백번 사경)
지장보살 명호사경 (1책으로 1만번 사경)   각 권 208쪽 7,000원
'관세음보살'이나 '지장보살'의 명호를 쓰면서 입으로 외우고 마음
에 새기면, 관세음보살님과 지장보살님의 가피를 입어 몸과 마음이
큰 변화를 이루고, 마음속의 원을 능히 성취할 수 있습니다.

기도 및 영가천도의 지침서

광명진언 기도법 / 일타스님·김현준　　　　　신국판 176쪽 5,000원
광명진언 기도를 널리 펴고자 일타스님과 김현준 원장이 함께 저술한 책. 광명진언 속에 새겨진 참의미와 바른 기도법, 빠른 기도성취법 등을 자상하게 설하고, 유형별 기도성취 영험담을 다양하게 수록하였으며, 누구나 보기 쉽도록 큰활자로 발간하였습니다. 광명진언을 외우면 행복과 평화, 영가천도, 소원성취를 이룰 수 있습니다.

생활 속의 기도법 / 일타스님　　　　　　　　신국판 160쪽 5,000원
불교계 최대의 베스트셀러! 일상생활에서 누구나 처할 수 있는 여러 가지 상황에 따른 구체적인 기도방법에서부터 특별기도성취법·영가천도기도법·기도할 때 지녀야 할 마음가짐까지, 자상한 문체로 예화를 섞어 쉽고 재미있게 엮었습니다.

기도 / 일타스님　　　　　　　　　　　　　신국판 240쪽 7,000원
총 6장 52편의 다양한 기도 영험담으로 엮어진 이 책을 읽다보면 기도를 통해 틀림없이 부처님의 가피를 입을 수 있음을 확신할 수 있게 되고, 올바른 기도법과 함께 기도성취의 지름길을 알 수 있게 됩니다.

기도성취 백팔문답 / 김현준　　　　　　　신국판 240쪽 7,000원
기도에 대한 정의·기도와 믿음·업장소멸의 방법·꾸준한 기도의 효험·원을 세우는 법·축원법·각종 기도가피와 기도성취의 시기·성취를 위한 하심법下心法 등 기도에 관한 궁금증들을 문답형식으로 자상하게 풀이하였습니다.

참회와 사랑의 기도법 / 김현준　　　　　　신국판 192쪽 6,000원
총 84가지 문답을 통하여 참회의 정의에서부터 참회기도를 해야하는 까닭, 절을 통한 참회법·염불참회법·주력참회법·가족을 향한 참회법, 기도 축원의 구체적인 내용 및 자비의 기도가 갖는 효과, '백중과 영가천도'등에 대해 아주 상세하게 설명하고 있습니다.

참회·참회기도법 / 김현준　　　　　　　　신국판 160쪽 5,000원
참회의 참된 의미, 절·염불을 통한 참회법, 참회인의 마음가짐, 이참법 등을 영험담들과 함께 감동 깊게 엮은 책으로, 참회를 통해 행복하고 자유로운 삶을 사는 방법을 열어주고 있습니다.

불교의 자녀사랑 기도법 / 김현준　　　　　신국판 160쪽 5,000원
사랑하는 자녀들을 가장 잘 사랑할 수 있는 방법을 부처님의 가르침에 의지하여 정립하고 생활화한 책입니다. 이 책의 가르침을 따라 자녀를 사랑하고 기도해보십시오. 우리의 자녀들이 뜻하는 바 소원을 성취하고, 행복과 평화를 누릴 수 있게 될 것입니다. 부록으로 부모님께 효도하여야 하는 까닭과 방법도 수록하였습니다.

신묘장구대다라니 기도법 / 우룡스님·김현준 신국판 208쪽 6,000원

신묘장구대다라니를 외우면 생겨나는 가피와 공덕, 기도의 방법과 주의할 점, 우룡스님이 들려주는 14편의 영험담, 대다라니의 근본경전인 『무애대비심다라니경』을 수록하고 있는 이 책을 읽고 자신있게 기도하면 심중소원의 성취와 기적같은 체험도 할 수 있습니다.

기도 성취의 지름길 / 우룡스님 4×6판 160쪽 4,000원

가족을 위한 기도와 기도 성취의 원리에 초점을 맞춘 감동적인 기도법문입니다. 제1부 「가족 행복을 위한 기도」에서는 가족을 향한 참회와 절의 필요성, 3배 기도의 큰 영험에 대해 일러주고 있으며, 제2부 「빠른 기도 성취의 길」에서는 믿음과 정성이 뒤따라야 기도 성취를 잘할 수 있고, 기도의 고비를 잘 넘겨야 능히 행복과 대해탈의 문이 열린다는 것을 많은 이야기를 곁들여 설하고 있습니다.

기도 이야기 / 우룡스님 신국판 204쪽 6,000원

"스님, 기도로 소원을 성취할 수 있습니까?" 총 6장 45편의, 참으로 재미있는 기도성취 영험담이 수록된 이 책을 읽고 기도를 하면, 불보살님과 통하는 감응의 길이 열리면서 심중소원을 빨리 성취하게 됩니다. 또한 이야기 끝에 붙인 큰스님의 해설은 기도의 방법을 쉽게 터득할 수 있도록 이끌어줍니다.

영가천도 / 우룡스님 신국판 160쪽 5,000원

영가의 장애를 느끼십니까? 돌아가신 영가를 영가를 제대로 천도해 드리지 못했습니까? 영가천도의 필요성과 기본자세, 염불·독경·사경을 통한 영가천도, 49재, 낙태아 천도 등 영가천도에 관한 궁금증 및 천도의 방법을 우룡스님의 자세한 법문으로 풀어드립니다.

미타신앙·미타기도법 / 김현준 신국판 160쪽 5,000원

아미타불의 참 모습에서부터 극락에서 누리는 행복, 칭명염불·오회염불·관상염불·천도염불 등의 각종 염불수행법과 함께 임종하는 이를 위한 의식과 49재 기간의 행법 등을 자세히 밝히고 있습니다.

관음신앙·관음기도법 / 김현준 신국판 240쪽 7,000원

관세음보살의 구원 능력, 주요 경전 속의 관음관, 11면관음·천수관음·32응신·33관음 등 자비관음의 여러 가지 모습, 일심칭명 일념염불의 관음기도법, 독경사경 기도법, 다라니 염송 기도법 등을 자세하고도 알기 쉽게 풀이하였습니다.

지장신앙·지장기도법 / 김현준 신국판 192쪽 6,000원

지장신앙 속에는 영가천도뿐만이 아니라 현세에서의 행복과 깨달음, 성불의 비결까지 간직되어 있습니다. 이러한 지장신앙의 여러 측면과 함께 생활 속에서 할 수 있는 지장기도법을 자세히 밝혀놓았습니다.

법보시를 원하시는 분은 출판사로 연락 주십시오. 할인혜택을 드립니다.
전화 02-587-6612, 582-6612 팩스 02-586-9078

일타큰스님의 스테디셀러

부드러운 말 한마디 미묘한 향이로다 / 일타스님   240쪽 7,000원
일타스님 대표 법문집. 삶의 이유, 복된 삶 이루는 방법, 보시와 지계, 도 닦는 법, 지혜성취법 등의 맑고 주옥같은 법문을 수록하여 읽는 이들에게 행복의 세계로 향하는 문을 열어주고 있습니다.

불자의 마음가짐과 수행법 / 일타스님   신국판 192쪽 6,000원
불자들이 큰 행복과 대자유를 얻기 위해서는 어떠한 마음가짐으로 살아야 하며, 참선·염불·간경·주력의 불교 4대 수행법을 어떻게 닦아야 하는가를 갖가지 비유를 들어 자상하게 설하고 있습니다.

불자의 기본 예절 / 일타스님   신국판 160쪽 5,000원
불교 예절의 근본이 되는 마음가짐과 말씨, 걸음걸이와 앉음새, 합장법, 절하는 법, 법당에서의 예절, 법문 듣는 법, 목욕·입측법 등 절집안의 생활 예절을 보다 쉽게 접할 수 있도록 많은 이야기를 곁들여 재미있게 엮었습니다.

오계이야기 / 일타스님   신국판 160쪽 5,000원
살생·투도·사음·망어의 근본 4계에 불음주계를 합한 5계에 대한 법문집. 재미있는 일화를 들어 각 계율의 연원과 지키는 방법, 계율을 범했을 때의 과보 등을 자세히 설했습니다. 복된 불자의 길로 나아가게 하는 불자의 필독서입니다.

윤회와 인과응보 이야기 / 일타스님   신국판 240쪽 7,000원
"죽음 뒤의 세상, 인간은 과연 윤회하는 존재인가?" 내가 지은 업은 어떻게 전개될 것인가? 이러한 의문의 해답을 일러주고자 총 49가지 이야기로 엮은 이 책을 읽다 보면 윤회와 인과응보에 대한 해답을 명확하게 얻을 수 있게 됩니다.

· ·

육조단경 / 김현준 역   신국판 240쪽 7,000원
육조 혜능대사께서 설한 선종의 근본 경전으로 인간의 참된 본성을 보게 하여 마음을 치유하고 깊은 깨달음을 열어주는 불자의 필독서입니다.

선가구감 / 서산대사 저·용담스님 역주   신국판 240쪽 7,000원
선수행 뿐 아니라 참회·염불·육바라밀 등 불교의 요긴한 가르침을 일목요연하게 정리하여 불자들의 신심과 정진에 큰 도움을 주는 소중한 책입니다.

리틀 붓다, 행복을 찾아서 / 클라우스 미코슈 지음·김연수 옮김
재치와 감동과 따뜻함이 있는 이야기. 지혜로운 삶에 관한 이야기. 꿈과 성취와 행복이 담긴 이야기. 소중한 삶의 주제들로 가득 채워진 이 책을 읽다 보면 진정한 행복이 무엇인지를 깨닫게 되고, 우리의 불성이 깨어나고 있음을 느낄 수 있게 됩니다.
    컬러양장본 184쪽 12,000원

우룡큰스님의 스테디셀러

불자의 행복 찾기 / 우룡스님 　　　　　　　신국판 190쪽 6,000원
우룡스님 설법의 결정판. ① 복 받기를 원하거든 ② 보시로 이루는 큰 복 ③ 아상과 무주상 ④ 행복과 기도의 총 4장으로 나누어져 있는 이 책을 읽다 보면 복 짓고 복 쌓고 복 받는 방법과 원리를 저절로 터득할 수 있게 됩니다.

신심으로 여는 행복 / 우룡스님 　　　　　　신국판 192쪽 6,500원
믿음과 기도, 신심을 키우는 방법, 신심 속에서 나타나는 가피와 성취, 윤회에 대한 믿음, 불성의 발현과 믿음, 가정과 나를 살리는 실천법 등이 수록되어 있습니다.

정성 성誠이 부처입니다 / 우룡스님 　　　　신국판 240쪽 7,000원
'정성 성'이 부처요, 모든 것이 부처님 하는 일. 대우주와 하나되는 삶, 마음 단속과 마음 열기, 마음 다스리기, 번뇌와 업장을 비우는 방법 등을 쉽게 일러주고 있습니다.

불교란 무엇인가 / 우룡스님 　　　　　　　국판 160쪽 5,000원
'불교는 해탈의 종교·해탈을 얻는 원리·무엇이 부처인가·소승과 대승불교' 등 불자들이 마음에 새기고 실천해야 할 불교의 핵심되는 가르침을 많은 예화를 곁들여 설한 책입니다.

불자의 살림살이 / 우룡스님 　　　　　　　신국판 160쪽 5,000원
참된 불자의 살림살이가 무엇인지, 특히 가족을 향한 참회와 복 짓는 방법, 평온을 얻고 지혜를 이루는 방법을 쉽고도 일목요연하게 설한 법문집입니다.

불교의 수행법과 나의 체험 / 우룡스님 　　신국판 160쪽 5,000원
염불 및 주력수행법, 기도를 잘하는 법, 경전공부의 방법, 참선 수행법, 수행과 업장소멸, 수행정진의 비결 등을 스님의 체험을 예로 들면서 재미있게 엮었습니다.

불교신행의 주춧돌 / 우룡스님 　　　　　　신국판 240쪽 7,000원
신행생활 속에서 자주 겪게 되는 시행착오를 미리 피하고, 올바른 정진을 하여 깨달음의 세계로 나아가는데 꼭 필요한 마음가짐과 신행방법 등을 자상한 문체와 일화들로 알기 쉽게 엮었습니다.

참 생명을 찾는 경봉스님 가르침 / 김현준 　신국판 192쪽 6,000원
경봉스님의 참 생명을 찾는 공부 방법과 도와 인생의 실체, 이 사바세계를 무대로 삼아 멋있게 사는 법 등을 다양한 이야기와 함께 엮은 책입니다..

도와 함께하는 행복과 성공 / 김현준 엮음 　신국판 160쪽 5,000원
경봉대선사께서 행복은 어디에 있고 어디에 깃들며, 어떻게 할 때 성공하는가? 복 짓는 법과 성공에 있어 가장 필요한 것은 무엇인가를 설한 책입니다..

신행과 포교를 위한 포켓용 불서 3종

❀

손안의 불서 ① 『생활 속의 기도법』 / 일타스님　　　　국반판 100쪽 2,000원

평소의 생활 속에서 쉽게 행할 수 있는 기도법과 괴롭고 힘든 경우에 행하는 특별한 기도, 일과 수행의 시작 단계 및 더 큰 성취를 위한 기도에 대해 자세히 설하고 있습니다.

손안의 불서 ② 『광명진언 기도법』 / 일타스님·김현준　　　　국반판 130쪽 2,500원

영가천도의 원리와 함께 광명진언이 천도에 어떠한 효과가 있는지? 일상생활 속에서 광명진언을 외울 때 생겨나는 좋은 일, 진언 속에 깃들어 있는 깊은 가르침, 기도의 방법과 마음가짐 등의 참고사항, 기도 영험담 9편을 수록하여 기도인들의 신심을 불러일으키고 있습니다.

불교이야기 ① 『바느질하는 부처님』 / 김현준　　　　국반판 100쪽 2,000원

〈어떻게 살 것인가〉·〈대자비로 중생을 교화하다〉·〈시련을 넘어선 끝없는 포용〉·〈이런저런 이야기〉의 총 4장으로 구성된 이 책을 읽다보면 인생을 지혜롭고 평화롭게 이끄는 부처님의 가르침이 무엇인지를 저절로 터득할 수 있게 됩니다.

기타 효림과 새벽숲의 스테디셀러

❀

사찰 그 속에 깃든 의미 / 김현준	신국판	320쪽	9,000원
석가 우리들의 부처님 / 김현준	신국판	240쪽	7,000원
바보가 되거라(경봉큰스님 일대기) / 김현준	신국판	220쪽	6,000원
마음밭을 가꾸는 불자 / 보성스님	신국판	272쪽	8,000원
내 갈 길을 가는 불자 / 보성스님	신국판	224쪽	7,000원
이야기로 배우는 불교 / 보성스님	신국판	160쪽	5,000원
행복을 위한 부처님의 가르침 / 혜인스님	신국판	160쪽	5,000원
붓다께서 가리킨 길 / 서경수	신국판	184쪽	6,000원
세속의 길 열반의 길 / 서경수	신국판	368쪽	15,000원
기상천외의 스님들 / 서경수	신국판	224쪽	7,000원
도사가 될래요? 박사가 될래요? / 박영철	4*6배판	544쪽	30,000원
서울의 고궁산책 / 허균	국판	384쪽	16,000원